中国工业旅游发展报告

ZHONGGUO GONGYE LÜYOU FAZHAN BAOGAO No.1

邓宏兵　李江敏　主编

图书在版编目(CIP)数据

中国工业旅游发展报告.No.1/邓宏兵,李江敏主编．—武汉：中国地质大学出版社,2018.7
ISBN 978-7-5625-4355-8

Ⅰ.①中⋯
Ⅱ.①邓⋯ ②李⋯
Ⅲ.①工业旅游-旅游业发展-研究报告-中国
Ⅳ.①F592.3

中国版本图书馆CIP数据核字(2018)第156898号

中国工业旅游发展报告 No.1		邓宏兵 李江敏 主编	
责任编辑:阎 娟		责任校对:张咏梅	
出版发行:中国地质大学出版社(武汉市洪山区鲁磨路388号)		邮政编码:430074	
电 话:(027)67883511	传 真:67883580	E-mail:cbb@cug.edu.cn	
经 销:全国新华书店		http://cugp.cug.edu.cn	
开本:787毫米×960毫米 1/16		字数:147千字	印张:7.5
版次:2018年7月第1版		印次:2018年7月第1次印刷	
印刷:武汉市籍缘印刷厂		印数:1—1 500册	
ISBN 978-7-5625-4355-8		定价:30.00元	

如有印装质量问题请与印刷厂联系调换

《中国工业旅游发展报告 No.1》编委会名单

主　编　邓宏兵　李江敏

副主编　梁玥琳　柴海燕　黄　珂　肖拥军

编　委　徐海军　杨忠信　李世冉　刘晓桐
　　　　　何沅晶　柴亚朵　胡孟姣　郑妮靖
　　　　　谢伟伟　刘　航　李小帆　卢丽文

目录

第一章 背景与特征:开启中国工业旅游3.0时代 \1

第一节 中国工业旅游发展的背景与意义 \2
一、中国工业旅游发展的背景 \2
二、中国工业旅游发展的意义 \6

第二节 中国工业旅游发展的轨迹与特征 \8
一、萌芽起步的1.0时代 \8
二、逐步规范的2.0时代 \8
三、提质增效的3.0时代 \9

第二章 基础与潜力:中国工业旅游发展的供给与需求 \11

第一节 供给视角的工业旅游资源特点与产品类型 \11
一、中国工业旅游资源的主要特点 \11
二、中国工业旅游产品的主要类型 \16

第二节 需求视角的工业旅游市场特征及其拓展 \20
一、中国工业旅游市场特征 \21
二、中国工业旅游市场拓展与营销 \27

第三章 竞争与共赢:中国城市工业旅游竞争力评价与分析 \31

第一节 评价对象与评价指标体系 \31
一、评价对象选择 \31
二、评价指标体系构建 \32

第二节 评价结果与分析 \36
一、评价结果 \36

二、结果分析 \69

第四章 启示与借鉴:国内外工业旅游发展实践与经验 \74

第一节 国外工业旅游发展经验评介与启示 \74
一、典型国家和地区工业旅游发展经验评介 \74
二、典型国家和地区工业旅游发展启示 \81

第二节 国内工业旅游发展经验评介与启示 \82
一、典型城市工业旅游发展经验评介 \82
二、典型城市工业旅游发展启示 \89

第五章 路径与战略:中国工业旅游发展模式与对策 \91

第一节 中国工业旅游发展的基本模式 \91
一、矿业城市转型发展模式 \92
二、老工业基地更新升级模式 \93
三、高新技术行业知识科普模式 \95
四、都市工业园业务扩展模式 \97
五、"老字号"企业文化宣传模式 \98
六、工艺品行业购物模式 \100
七、现代制造业发展模式 \101
八、重大工程综合开发模式 \102

第二节 中国工业旅游发展对策与建议 \104
一、坚持提质增效,全面谋划发展新格局 \104
二、发挥政府主导,促进各方合作发展 \105
三、打造特色产品,合理安排旅游线路 \106
四、加强宣传营销,树立良好企业形象 \107
五、融合传统资源,推动旅游综合开发 \107
六、培育相关人才,提升员工整体素质 \108

参考文献 \109

第一章

背景与特征：开启中国工业旅游 3.0 时代

党的十九大报告指出,中国特色社会主义已进入新时代,报告明确提出了建设富强民主文明和谐美丽的社会主义现代化强国的目标。2016 年 11 月 28 日,国家旅游局局长李金早在全国工业旅游创新大会上作了题为《丰富全域旅游 大力推进我国工业旅游》的报告。报告指出,未来五年我国工业旅游将进入一个黄金发展期。在党的十九大精神指引下,伴随《全国工业旅游发展纲要(2016—2025 年)》的实施,我国工业旅游将跨入一个大发展的新时代。

专栏一　丰富全域旅游　大力推进我国工业旅游

一、为什么要推进工业旅游

首先,我国发展工业旅游具有重要的现实意义,有着广阔的发展前景。工业旅游是促进工业转型升级、培育新增长动力的重要途径;工业旅游是企业实现品牌竞争、提升综合收益的有效手段;工业旅游是促进政府、游客和社区居民多方受益、形成多赢格局的重要渠道;工业旅游是适应大众旅游时代,推进"旅游+"和全域旅游的重要内容。

其次,当前抓工业旅游发展正逢其时。一是我国已经形成了完整的工业体系;二是企业的品牌意识不断加强,开始注重企业文化的塑造;三是我国正迎来大众旅游时代,对工业旅游的需求明显。

> 再次,我国工业旅游已有一些有益探索。
>
> **二、当前工业旅游面临的问题**
>
> 主要包括四个方面:认识不足,动力不够;政策支持和宣传引导不够;已有的工业旅游项目大多仍处于初级水平;工业旅游产品体系尚不完善。
>
> **三、如何推进我国工业旅游创新发展**
>
> 主要包括五个方面:要了解工业旅游,重视工业旅游;动员有条件的工业企业积极参与,创新工业旅游产品和业态;加大宣传推广力度,培育工业旅游新兴消费市场;实施工业旅游创新示范工程,发挥引领示范作用;加大保障力度,提升工业旅游创新动力。
>
> (根据2016年11月28日国家旅游局局长李金早在全国工业旅游创新大会的讲话摘编)

第一节 中国工业旅游发展的背景与意义

工业旅游是以保护和开发工业遗产和遗址遗迹资源为核心,同时结合现代化的工厂或者生产园进行展示,并能创造出生产体验价值为游客所享的一种专项旅游。总的来说,"旅游+工业"融合发展而成的工业旅游符合社会历史发展的规律和经济发展的需要。中国工业旅游的发展有着深刻的背景和巨大的现实意义。

一、中国工业旅游发展的背景

(一)世界工业旅游的迅猛发展

中国工业旅游的发展是世界工业旅游发展的有机组成部分和延伸,中国工业旅游的发展离不开世界工业旅游发展的大背景。18世纪下半叶以来,伴随着科学技术的发展,英国爆发了工业革命。第二次世界大战结束后,生产力得到突飞猛进的发展。与此同时,工业大规模扩张对资源的开发和利用达到前所未有的程度。发达的工业社会给人类带来的不仅是物质的繁荣,也引发了各种社会危机,率先发展工业的英国和德国陷入了工业衰退和逆工业化进程中。英国工业革命后期,工业发展较好的城镇中一些家族式工业企业家们开始建设博物馆、美术馆或公园。加之19世纪末英国工业考古学的发展,工业遗产保护及开发利用受到重视。许多与工业有关的文物,如在工业革命时期开发的产品、机器和纪念品等,被人们开发利用当作旅游产品。到20世纪50年代左右,工业旅游开始作为一种新的旅游方式发展起来。

纵观国外工业旅游发展历程,大体经过了萌芽、起步、大规模发展三个阶段。

(1)19世纪末到20世纪50年代为萌芽阶段。在这一阶段,第一次工业革命的发展促进了西方各国工业的发展。英国作为工业革命的先驱者,一些工业化城镇中的工业企业家们依靠家族的资源建设了博物馆、美术馆和公园,促使这些工业化城镇逐渐成为新的旅游目的地。19世纪末,工业考古学在英国建立。它的出现推动了工业遗产保护意识的形成,为后期工业旅游的兴起奠定了基础。此后,工业遗产、遗物的保护和开发利用开始兴起。许多工业遗址遗产,如早期工业企业生产的产品、用的各种机器及制造出的工业纪念品等,都被大量挖掘利用作为开展工业旅游的吸引物,出现在英国各种各样的博物馆中进行展览。这一时期发展工业旅游成效较好的代表性项目有约克郡的"城堡博物馆",它的主题是展现当地社会生活的演变发展,游人可以在博物馆中看到20世纪30年代的冰箱以及不同年代的抽水机、马桶、马车等。

(2)20世纪50年代到80年代为起步阶段。大多数学者都认为工业旅游起源于20世纪50年代的法国。当时雪铁龙汽车制造公司首先开放了他们的生产车间,让前来的游客参观公司的工业生产流水线,这一举动是开创性的,并在当时引起了很大的反响。雪铁龙汽车制造公司逐渐成为其他很多厂家效仿的对象,而参观工业企业生产流水线和生产车间在这段时间内成为一种潮流,很多著名的企业也因此成为旅游景点。

(3)20世纪80年代以来为大规模发展阶段。随着全球经济发展模式的转变,发达国家的工厂和企业在逆工业化进程中遇到许多发展中的问题,纷纷面临着倒闭的风险。英国、德国等提前完成工业化的国家在对衰退地区进行实地调查研究之后,率先提出发展工业遗产旅游,以缓解工业区的衰退问题,寻求工业区新的发展方向和路径,最终引发了现代工业企业开发观光旅游和工业旅游的兴趣。至今,工业旅游在这些发达国家中方兴未艾,发展势头依然强劲。据资料统计,英、美等发达国家15%以上的企业都在发展工业旅游。

(二)中国旅游业的深度推进

中国旅游业发展迅速,2016年国内旅游人数达到44.4亿人次,收入3.94万亿元;入境旅游人数达到1.38亿人次,实现国际旅游收入1 200亿美元。全年全国旅游业对GDP的综合贡献为8.19万亿元,占GDP总量的11.01%。旅游业的迅猛发展尤其是全域旅游背景下的旅游业深度推进促进了工业旅游的大发展。

专栏二 蓬勃发展的中国旅游业

2016年,国内旅游人数44.4亿人次,收入3.94万亿元;入境旅游人数1.38亿人次,实现国际旅游收入1 200亿美元;中国公民出境旅游人数达到1.22亿人次,旅游花费1 098亿美元;全年实现旅游业总收入4.69万亿元。全年全国旅游业对GDP的综合贡献为8.19万亿元,占GDP总量的11.01%。旅游直接就业2 813万人,旅游直接和间接就业7 962万人,占全国就业总人口的10.26%。

(数据来源于国家旅游局数据中心2017年11月8日发布的《2016年中国旅游业统计公报》)

> 2017年,国内旅游市场高速增长,入出境市场平稳发展,供给侧结构性改革成效明显。国内旅游人数50.01亿人次,比上年同期增长12.8%;入出境旅游总人数2.7亿人次,同比增长3.7%;全年实现旅游总收入5.40万亿元,增长15.1%。初步测算,全年全国旅游业对GDP的综合贡献为9.13万亿元,占GDP总量的11.04%。旅游直接就业2825万人,旅游直接和间接就业7990万人,占全国就业总人口的10.28%。
>
> (数据来源于国家旅游局2018年2月8日新闻发布会)

全域旅游背景下,政府出台政策并支持旅游与其他各个产业的融合,促进了"旅游+工业"模式的工业旅游发展。我国目前已形成了完整的工业体系,共有262个资源型城市、145个国家级高新技术开发区和219家国家级经济技术开发区。这些数据显示我国工业旅游发展潜力巨大,前景广阔。

经济发展促使了各产业间的融合,也推动了工业旅游的兴起和发展。改革开放以来,经济社会的发展带动了工业的快速发展,全国范围内不仅出现了多个高新技术开发区,也涌现出一大批在中国工业发展进程中有领头作用的民族企业,如宝钢、海尔等企业。我国从20世纪90年代末期兴起的工业旅游以国有企业的政务接待和经济全球化影响下的商务接待为雏形。随着市场竞争的加剧,部分企业面临着市场饱和、销售困难、产品积压的问题,他们在进行战略转型升级、拓宽产业链条的过程中,发现旅游业发展潜力大、发展势头强劲。因此,这些企业纷纷寻找自身企业与旅游的结合点,逐步探索出工业与旅游融合发展的工业旅游项目。作为一项新兴的旅游产品,工业旅游以其科普性、教育性、观赏性、参与性等特点,吸引了大量游客参与其中,日益受到旅游者的青睐和喜爱。工业旅游也日益成为旅游业发展过程中新的开发方向和旅游学术界的研究热点。与此同时,市场对多样化旅游产品的需求日益增强,催生出工业旅游新产品。

国家对工业旅游发展的支持力度逐步增大,有效推动了工业旅游发展。我国早在2001年就制定了《工业旅游发展指导规范》,2002年国家旅游局制定并发布了《全国农业旅游示范点、工业旅游示范点检查标准(试行)》。2016年全国工业旅游创新大会上国家旅游局局长李金早在讲话中提出,我国工业旅游虽处于萌发阶段,但已形成了完整的工业体系,工业旅游发展的潜力大。会后发布的《全国工业旅游发展纲要(征求意见稿)》提出了工业旅游发展的举措。这些政策和举措都有力推动了工业旅游的发展。

二、中国工业旅游发展的意义

国家旅游局局长李金早在2016年全国工业旅游创新大会指出,我国发展工业旅游具有重要的现实意义。工业旅游是促进工业转型升级、培育新增长动力的重要途径;工业旅游是企业实现品牌竞争、提升综合收益的有效手段;工业旅游是促进政府、游客和社区居民多方受益、形成多赢格局的重要渠道;工业旅游是适应大众旅游时代,推进"旅游+"和全域旅游的重要内容。

第一,发展工业旅游可以丰富旅游资源的内涵和旅游产品的外延。工业旅游作为一种衍生出的旅游新概念和新产品形式,是伴随着人们对旅游资源的深入理解出现的。根据传统的旅游资源定义和理解,只有江河山川、名胜古迹、民风民俗才是旅游资源。而工业旅游的出现大大拓宽了旅游资源观,其中的工厂、矿山都能经过旅游开发成为旅游吸引物,这也增加了我国这个工业大国中旅游资源的基数。所以说,工业旅游是传统旅游产品的延伸。工业旅游的出现丰富了旅游产品的种类,为旅游者的消费提供了更多的选择,满足了当前人们多层次、多样化的旅游消费需求。同时,工业旅游的发展拓展了全国工业企业的产业链,进一步扩大了旅游经济覆盖面,也为我国旅游业的快速发展积累了后劲。对于城市建设来说,工业旅游的发展增加了城市中的高品位旅游资源,这在一定程度上也促进了城市的旅游业发展,推动着城市建设和经济发展。

第二,发展工业旅游有利于工业产业结构调整和优化。在发展工业旅游的进程中,企业为获取良好的效益,则会对以前落后的生产技术进行改造，推进工艺的升级换代，也会加强企业的现代化管理。同时衍生出的第三产业旅游业将会与企业的第二产业工业制造业相互融合，从而推动企业向多元化、集团化方向发展，促进企业产业结构的调整和优化。城市工业也为旅游发展提供新的资源，一些老工业和名牌工业的知名度和美誉度更是为发展工业旅游提供了优良的基因，如遗产遗迹、高新技术、生产技术等，提升了企业工业旅游发展的竞争力。目前我国正处于工业化和城市化相互融合、相互促进的加速期。工业旅游作为工业企业将无形资产转变为有形资产的一种有效途径，它的发展能让游客在参观游览的过程中认识企业、了解产品，进而对城市产生一定认知，将企业、产品、城市、旅游集于一身，进一步扩大城市的知名度，提升城市的整体形象，对吸引更多的人才和资金具有重要意义，可促进城市的可持续发展。

第三，发展工业旅游有利于推进区域经济转型发展与升级。区域经济转型的核心是产业结构的调整与升级。在一定的社会生产力发展水平下，投资、技术、劳动以及宏观的经济政策会对区域经济发展产生重大的影响。在发展工业的进程中，老工业城市的产业转型升级将会引发产业结构的调整，使产业之间和产业内部的经济比重发生变化，这些调整和变化又带来劳动力转移和重新配置，从而再引起就业结构的变化。近些年来，老工业城市多以"工业立市"，将工业在经济结构中占主导地位作为一项地区经济转型发展的重要措施。开展工业旅游的企业会进行环境美化，城市要想发展旅游，也会对城市进行美化和绿化，从而促进城市环境的建设和保护。如以前有"茅台酒香，茅台镇脏"说法的仁怀市在发展旅游后，加大了环境治理力度，卫生条件和城市环境大为改观，树立并展示了国酒之乡对外开放的良好城市形象，也改善了仁怀的投资环境，促进了城市经济的发展。再结合我国资源型城镇发展工业旅游的实例和效果来看，发展工业旅游也是资源枯竭型城市转型发展的新道路和新途径。如四川攀枝花、河南焦作、辽宁阜新和新疆克拉玛依等资源型城市，已通过发展工业旅游特色项目，开辟出一条转型发展的新路子。随着"旅游+"和全域旅游的提出，工业企业转型与旅游业结合衍生出的工业旅游将会进一步推进区域经济发展与升级。

第二节　中国工业旅游发展的轨迹与特征

旅游业向来被称为"朝阳产业""无烟工业"。工业旅游是旅游业发展进程中资源型城市转型升级和新兴现代化工业进一步创新发展的一种新形式。西方工业旅游发展早于中国,我国工业旅游发展的历程大致可以分成以下三个阶段。

一、萌芽起步的1.0时代

早期我国工业旅游只是作为一种参观行为来开展,这种参观行为仅仅是工业旅游的雏形,并不是真正的工业旅游。有很多工业企业为了让旅游者有更好的旅游享受和体验效果,十分重视工业旅游景点的开发和规划。有的企业还专门设置了本企业发展历程的"博物馆"和"科普馆"等。其开创者主要是国内的一些知名大企业,其发展形式主要是企业的自主开发。山东青岛啤酒厂的"玉液琼浆:青岛啤酒欢迎您"、海尔集团在1999年推出的海尔工业游、首钢总公司的"钢铁是这样炼成的"、一汽集团开发的生产线和汽车陈列样品等工业旅游项目是这个阶段的代表。

二、逐步规范的2.0时代

这一阶段主要是从2001—2016年。2001年,以《国务院关于进一步加快旅游业发展的通知》(国发〔2001〕9号)文件和钱其琛副总理在全国旅游工作会议上的讲话精神为基础,以重点推进工业旅游、农业旅游创建工作为核心,国家旅游局出台了《工业旅游发展指导规范》。国家旅游局在一系列指标和具体情况的对比之下,确定了第一批100个工、农业旅游示范点候选单位名单,其中涉及工业旅游的单位达41个。2002年,国家旅游局出台了《全国农业旅游示范点、全国工业旅游示范点检查验收标准(试行)》。2004年7月1日发布的《关于命名北京韩村河、首钢总公司等306个单位为"全国工农业旅游示范点"的决定》(旅发〔2004〕38号)中公布了103家工业旅游示范点单位。2005年国家旅游局正式命名的工业旅游示范点达180家单位。在之后的全国工业旅游示范点检验中,上海是最为规范和成功的工业旅游发展案例地,它制定并颁布了全国首个地方工业旅游服务标准——《上海市工业旅游景区(点)服务质量要求》,还最先将新颖的年票方式引入到工业旅游中,极大地创新了工业旅游发展的形式,因此也成为其他地区工业旅游进一步创新发展的标杆和榜样。这一阶段,企业发展工业旅游的自觉性增强。此后,工业旅游发展迅速,各地政府、各相关企业越来越重视工业旅游发展。2016年全国工业旅游创新大会的召开标志着中国工业旅游已步入规范有序发展的阶段。

三、提质增效的3.0时代

党的十九大背景下以第一次全国工业旅游大会的召开及国家文化和旅游机构改革为契机,中国工业旅游步入了提质增效的3.0时代。这一阶段的特点是在新发展理念下用全新的资源观、市场观实现以提质增效为核心的工业旅游创新大发展。新发展理念是新时代中国工业旅游大发展的行动准则,质量效益是新时代中国工业旅游大发展的本质和核心。

在新发展理念下关注工业旅游发展质量和效益是党的十九大后新时代新特征决定的。党的十九大报告指出"发展是解决我国一切问题的基础和关键,发展必须是科学发展,必须坚定不移贯彻创新、协调、绿色、开放、共享的发展理念"。党的十九大报告要求"要在继续推动发展的基础上,着力解决好发展不平衡不充分问题,大力提升发展质量和效益"。新时代的重要特征就是我国经济已由高速增长阶段转向高质量发展阶段,目前正处在转变发展方式、优化经济结构、转换增长动力的关键期和攻关期。在这一阶段必须坚持质量第一、效益优先。这种转变的目的是实现经济发展质量变革并建立起"质量第一、效益优先"的现代化经济体系。与之相应,中国工业旅游发展也要坚持走提质增效的道路。坚持新发展理念,实现中国工业旅游发展质量整体跃升具有重要现实意义,是坚持和发展中国特色社会主义的基本方略在工业旅游发展中的具体体现。所以,我们要开展工业旅游质量提升行动,推动我国工业旅游发展进入质量、效益新时代。

第二章

基础与潜力：中国工业旅游发展的供给与需求

第一节 供给视角的工业旅游资源特点与产品类型

中国工业旅游发展需要有充分的资源与产品供给。把握中国工业旅游资源的主要特点和工业旅游产品的主要类型有助于提供更为充足有效的供给，从而满足工业旅游发展的需求。

一、中国工业旅游资源的主要特点

（一）工业旅游资源丰富

工业旅游资源主要来源于工业化进程中因衰落或因资源枯竭的企业遗留下来的工业遗址遗迹和现代化工业发展创造所形成的新成果。我国是一个工业大国，工业旅游资源极其丰富。除了一些工业资源型城市所保留的工业遗址遗迹可以开发成为工业旅游产品之外，还有改革开放至今所形成的国家级、省级高新技术开发区和全域旅游背景下规划发展的特色工业小镇等，也具有相当高的工业旅游开发价值。十年前，国家旅游局就根据各省的工业旅游资源及工业旅游企业发展状况，公布了345家全国工业旅游示范点。结合我国目前的262个资源型城市、145个国家级高新技术开发区和219家国家级经济技术开发区,可以看出我国的工业旅游资源丰富,且工业旅游发展的潜力巨大。作为中国工业遗存丰厚的城市,黑龙江大庆有大庆精神、铁人精神等宝贵的精神遗产,贵州仁怀有家喻户晓的工业品牌"茅台"。除了珍贵的工业遗址遗迹等工业资源,工业中大量的新兴成果也是不可忽略的工业旅游资源,如水电站、现代高科技中心、航空航天发射基地、智能化工业制造基地等。

(二)工业旅游资源类型多样

我国工业旅游资源不仅数量多,且类型多样。按照所依托的资源属性,可分为六种类型。

依托国家重大工程建设项目而开发的工业旅游项目。如长江三峡工程坝区、葛洲坝船闸工业旅游区、攀枝花二滩水电站、鲁布革电站、首钢总公司、安康水电站、泰山抽水蓄能电站、国电山东石横发电厂工业园、克拉玛依油田等。

依托现代化工业生产而开发的工业旅游项目。如海尔电器有限公司、红塔工业集团、中电国华电力股份公司北京热电工业园、一拖集团、南车集团洛阳机车厂、大同太平家私工业园等。

依托与生活消费密切相关的工业制成品生产而开发的工业旅游项目。这种工业旅游产品的类型主要是根据从事社会终端消费品生产、产品性质与人们生活消费密切相关、与旅游中食宿行游购娱六要素发生直接关联的工业企业而衍生出的一种产品类型,主要集中在从事食品加工、酿酒制造、服饰加工等工业企业之中。如贵州茅台工业园、华东葡萄酒庄园、宜宾五粮液工业园、遂宁美宁生态食品科技园、金星啤酒三全食品工业园、青岛啤酒工业园、安顺华泰绿色食品工业园等。

依托各类高新科技开发的工业旅游项目。21世纪,信息、航空航天、生物等高新技术的创新和发展,不断引领着人们去探索未知世界。这种类型的工业旅游项目基于高新科技,不仅对旅游者具有科普教育的意义,而且会对旅游者产生强烈的吸引力。如西安银桥生物科技有限责任公司工业园、巴州红帆生物科技有限公司工业旅游区、禹城高新区工业旅游园区、威海清华紫光科技园区、酒泉卫星发射中心、西昌卫星发射中心等。

依托各类工业遗产开发的工业旅游项目。虽然我国的工业起步较晚,但作为制造业大国,我国的工业遗产遗迹也具有一定的地域优势和资源特色,如我国近代的民族工业遗产、中华人民共和国成立之初的重工业建设遗产,以及历史遗留下来的工业制造设施和遗址遗迹都是发展工业旅游的独特资源。如马鞍山钢铁厂、无锡等地的近代民族工业遗产旅游等。

依托民族特色工业、手工业而开发的工业旅游项目。我国五千年的悠久历史,中华文明源远流长,具有民族特色的工业和手工业作为传承民族精神文化的载体,不仅在国家的现代化发展中具有特殊的意义和价值,而且也是开发工业旅游特色商品和旅游纪念品的切入点。这种类型的工业旅游资源一般都有明显的地域色彩,也是有潜力成为具有世界文化意义的特色旅游项目。如坭兴陶艺术馆、淄博中国陶瓷馆工业旅游区等。

我国工业旅游资源按照工业旅游资源的属性可以分为酿造类,石油、煤炭、矿物开采类,陶瓷类,医药类,雷雨、水力、发电类,电器类,钢铁制造类,食品饮料类,工艺品类,服装、鞋帽、纺织品类,日用品类,烟草类,港口类和其他多种类型(表2-1)。

表2-1 工业旅游资源分类表

类型	实例
酿造类	如青岛啤酒工业园、贵州茅台工业园、太原东湖醋园、杏花村汾酒工业园、华东葡萄酒庄园、宜宾五粮液工业园、秦皇岛朗斯酒庄
石油、煤炭、矿物开采类	如克拉玛依油田、玉门油田、太原中国煤炭博物馆、海沟金矿、抚顺矿业集团西露天矿、上杭紫金矿业、兖矿集团、平邑归来庄金矿地质公园、黄石国家矿山公园、大冶铁矿
陶瓷类	如江苏高淳陶瓷工业旅游区、景德镇国际陶瓷交流中心、淄博中国陶瓷馆、醴陵陶瓷基地、佛山佛陶集团石湾美术陶瓷厂

续表 2-1

类型	实例
医药类	如亚宝药业、河北药都制药集团、哈药集团工业园、安徽沪僬中医药文化博览园、宛西制药厂工业旅游区、鹤峰八峰药化工业园、太极集团涪陵医药工业园、遵义百花药厂工业园
雷雨、水力、发电类	如攀枝花二滩水电站、鲁布革电站、北京热电工业园、安康水电站、泰山抽水蓄能电站、国电山东石横发电厂工业园
电器类	如海尔电器、绵阳长虹电器
钢铁制造类	如马鞍山钢铁厂、首钢总公司、通化钢铁集团
食品饮料类	如遂宁美宁生态食品科技园、三全食品工业园、河北华龙面业集团有限公司、八公山豆制品厂工业旅游区、安顺华泰绿色食品工业园
工艺品类	如坯兴陶艺术馆、淄博中国陶瓷馆、芜湖市工艺美术厂、徽州竹艺轩雕刻工业旅游区、泾县宣笔工业园
服装、鞋帽、纺织品类	如嘉兴丝绸园、威海云龙家纺工业园、南通家纺厂、石狮服装城
日用品类	如欧美尔家居产业园、迁安市弘业地毯集团工业旅游区、承德华富玻璃器皿厂
烟草类	如上海烟草集团工业园、南京卷烟厂、卷烟总厂工业旅游区
港口类	如日照港、青岛港、芜湖港、连云港港区
其他	如羊城晚报报业集团、中山伊泰莲娜DIY工业旅游区、西安银桥生物科技工业园

(三)地域分布较均衡

从地域分布来看,我国的工业旅游资源与各省市的工业发展状况基本吻合,在老工业基地和新兴工业城市发展较快,但总体呈现均衡的发展态势。以首批国家工业旅游创新单位分布为例,黑龙江、新疆、河北、内蒙古、江苏、安徽、福建、江西、山东、河南、湖北、河南、广东、海南、重庆、贵州、云南、陕西均有分布。从地域分布上看,东部、中部、西部均有工业旅游创新单位的分布,同时其工业旅游发展趋势也打破了工业旅游项目主要集中在大城市的常规,工业旅游资源地域分布较均衡。

专栏三 基地与创新单位

国家工业遗产旅游基地

湖北省黄石国家矿山公园、河北省唐山市开滦国家矿山公园、吉林省长春市长影旧址博物馆、上海国际时尚中心、浙江省新昌达利丝绸世界旅游景区、江西省萍乡市安源景区、湖南省株洲市醴陵瓷谷、广西壮族自治区柳州工业博物馆、四川省成都市东郊记忆景区、贵州省仁怀市"茅酒之源"旅游景区。

首批国家工业旅游创新单位

黑龙江省大庆市、新疆维吾尔自治区克拉玛依市、河北省唐山开滦国家矿山公园、内蒙古自治区伊利实业集团股份有限公司、江苏省隆力奇工业旅游区、安徽省奇瑞工业园、福建省七匹狼集团、江西省萍乡安源景区、山东省青岛啤酒公司、山东省海尔集团、山东省东阿阿胶旅游景区、河南省中国一拖集团有限公司、湖北省十堰汽车城、湖南省株洲醴陵瓷谷、广东省罗浮宫国际家具博览中心、广东省中山大涌红木文化博览城、海南省海南核电有限公司、重庆市周君记火锅食品工业体验园、贵州省茅台酒厂(集团)有限责任公司、云南省红塔集团、陕西省张裕瑞那城堡酒庄、新疆生产建设兵团伊帕尔汗香料股份有限公司。

二、中国工业旅游产品的主要类型

工业旅游产品有些是依托传统工业的历史遗存,如湖北省黄石市的国家矿山公园、铜绿山遗址,其产品的核心是传统工业遗留下来的资源;有些是借助原有工业遗址对它进行现代化的改造,使它成为市民休闲游憩的公园或文化产业园区;有些是依托现代大型的工业企业或重大工程项目,展示其工艺流程和工业成就;有些是以某个特色产业为核心,构成特色小镇或工业园区等。这些不同类型的工业旅游产品组成了中国工业旅游市场中完整的产品体系,是工业旅游市场发展的基础。

(一)工业遗产博物馆

工业遗产博物馆是将工业遗产地开辟为博物馆,多是以工业城市或工业企业多年的发展历史为主线,将历史照片、遗留的老物件以及还原的生产场景在封闭或开放的空间展示,从而体现工业遗产的历史和艺术价值,并配以完善的解说系统、表演和体验活动,来再现过去企业生产的场景,为游客提供重要的旅游体验,是目前国际上工业遗产地开展工业旅游最为普遍的方式之一。如德国洪堡变电站改为维特拉设计博物馆柏林分部、英国利物浦阿尔伯特码头工业区改造为博物馆群,国内的有中国民族工商业博物馆、张裕酒文化博物馆、江南造船博物馆、中国工业博物馆、青啤博物馆、张之洞与汉阳铁厂博物馆等。一些中国传统工业的重镇还开发了博物馆群,如石油之城的大庆推出了系列工业博物馆产品,追忆大庆当年的工业成就,如石油工业展馆游——铁人王进喜纪念馆、油田历史陈列馆、石油科技馆、石化总厂展览室等。鞍钢展览馆收藏了珍贵照片3 000多幅、实物1万多件,包括百年高炉等12件大型实物,从侧面展现了新中国的工业发展历程;孟泰纪念馆、雷锋纪念馆、王崇伦塑像等给游客带来诸多历史的回忆和新鲜的体验。有着青铜故里、钢铁摇篮、水泥故乡、服装之城美誉的湖北省黄石市,以五大工业遗址为核心,打造了中国水泥博物馆、铜绿山古铜矿遗址、亚洲第一天坑的黄石国家矿山公园、世界铁城旅游综合体等工业遗址博物馆或公园。这些工业遗产博物馆作为工业发展的历史见证，不仅为游客提供了了解工业发展，增知益智的机会，也满足了广大老年游客的"怀旧"心理，他们在此处看到自己同时代的工厂风采和物件，是缅怀青春、致敬青春的好去处。

（二）工业遗产公园

工业遗产公园是指在废弃的工厂厂址上，通过对场地内的工业设施设备、工厂厂房以及特色的工业遗留物等，进行保留、改造、再设计，将旧有的废弃工厂改造为可供市民游憩、观赏、娱乐以及开展工业科普教育等活动的公园绿地。这类公园既在一定程度上保护与延续了城市原有的工业文明，同时也改善了城市生态环境，深受人们的喜爱。如美国西雅图煤气厂公园、德国北杜伊斯堡景观公园、法国雪铁龙公园、加拿大维多利亚岛布查特公园、苏格兰威士忌文化遗产中心等都属此类公园。德国鲁尔工业区的"埃姆舍公园"，原为著名的蒂森钢铁公司，停产后被改建为以煤—铁工业景观为背景的公园，部分厂房和仓库被改造为迪厅和音乐厅，废旧的储气罐改造为潜水俱乐部的训练池，成为居民休闲游憩的好去处。国内工业遗产公园的一类代表是黄石国家矿山公园、开滦的国家矿山公园、潍坊坊子炭矿遗址文化园等。2005年以来国土资源部先后公布了三批共72家国家矿山公园。其中黄石国家矿山公园是中国第一个大型机械开采的露天矿山，是亚洲最大、最早的钢铁联合企业——汉冶萍公司的主要组成部分。2007年开园，是全国首座、湖北省唯一的国家级矿山公园，拥有亚洲最大的硬岩复垦基地。2012年11月17日，"黄石矿冶工业遗产"入选《中国世界文化遗产预备名单》。另一类是对位于城市中心破旧工厂的厂址，进行景观改造，使其成为市民休闲空间或文化创意园。这类遗址位于城市的中心区域，全部拆除会切断城市的历史，但完全保留下来又会影响城市景观质量，现在通过景观设计将其改造为景观公园、公共休憩场所，既保留了城市的工业文明历史，又满足了人们休闲娱乐的需求，改善了城市居住环境，美化了城市景观。如广东中山歧江公园建成于2001年10月,原场地是中山著名的粤中造船厂厂址。公园保留了早已被岁月侵蚀得面目全非的旧厂房和机器设备,改造成供市民休闲的城市公园。

(三)工业文化创意产业园

工业文化创意产业园是依托原有特色的工业厂房,利用人的智慧、技能和天赋,通过对知识产权的开发和运用,生产高附加值和差异化的产品,并产生聚集效应,形成特色产业园区。其最大的优点在于围绕"创新、艺术"开展再利用活动,将旧有的企业或工业区赋予新的文化涵义,使其成为充满活力和吸引力的文化区。北京的"798"是我国工业旅游创意产业运用的典型案例。"798"的原址是北京华北无线电联合器材厂,工厂倒闭之后想对外招租以解决闲置厂房的问题,并试图寻求土地的再利用。因其租金低廉和典型的包豪斯建筑风格,吸引了大批现代艺术创作者。企业看到了其中的商机,随后对其近2万平方米的旧厂房进行彻底改造,现该地遍布艺术创作室、画廊、时尚创意店铺、餐厅酒吧等,成为国内艺术家的汇集地。广州的红砖厂创意艺术区是由广东罐头厂改造而来,保留中华人民共和国成立初期几十座大小不等的苏联式建筑,成为广州文化创意产业重要的聚集地。

(四)观光工厂

观光工厂是指以工业生产过程、工厂风貌、工人工作生活场景等为主要旅游吸引物,辅之以解说、导览、DIY等服务,让游客获得有别于传统工厂参观式旅游的独特体验。观光工厂是介于第二产业与第三产业之间的中间形态,其产品主要是从提升游客工厂参观的实景体验的角度出发,希望游客在其中获得好的游览感受,从而增加对企业的认同感和归属感。另一方面此种方式也为传统制造业转型升级提供了新的思路。旅游观光工厂源于台湾,福建和广东东莞因台资企业较多率先启动或引入此类工业旅游项目。福建于2015年启动省级观光工厂评定计划,至今全省共有两批共59家观光工厂进入这一名单。

观光工厂类的工业旅游产品内容十分丰富。目前我国的观光工厂有的是依托国家重大工程项目，如首钢、宝钢、大庆油田、神华煤矿以及葛洲坝、小浪底、长江三峡等水利枢纽工程等，有的是依托现代工业生产而开发的工业旅游产品，它们有现代化的自动化流水线，智能化的工业产品制造，技术科学含量很高。另外，现代工业企业在厂区中营造的品牌意识、管理理念、企业文化氛围等软实力，也形成了独特的旅游吸引力。青岛海尔、上海通用、广州本田、北京现代、长春一汽-大众、四川长虹等都是比较典型的代表。有的是依托与日常生活消费密切相关的工业制成品生产而开发的工业旅游产品，包括食品加工、酒类酿造、服饰加工等企业，青岛啤酒、贵州茅台、张裕葡萄酒、山西汾酒、海澜之家等都已跻身全国工业旅游示范点之列。有的是依托各类高新科技企业——信息、生物、航空航天等开发的工业旅游产品，该产品代表了人类科技活动的最新成果，对广大旅游者产生了很强的吸引力，酒泉、西昌、文昌卫星发射中心，海南核电工业旅游以及清华紫光生物技术研发机构等都是典型代表。还有的是依托民族特色工业、手工业而开发的工业旅游产品，如南京云锦、景德镇陶瓷、泾县宣纸、泾县宣笔工艺、屯溪老胡开文墨等。

（五）工业特色小镇

工业特色小镇将生产展销、文化创意、休闲游憩等功能有机融合，为工业旅游开辟了全新的发展空间。工业和信息化部、财政部为了贯彻落实《中国制造2025》，弘扬工匠精神，推动中国制造向中国创造转变，2016年发布了《关于推进工业文化发展的指导意见》，提出结合区域优势和地方特色，将打造一批工业创意园区和工业文化特色小镇。计划到2020年，培育1 000个左右各具特色、富有活力的休闲旅游、商贸物流、现代制造、教育科技、传统文化、美丽宜居等特点的特色小镇，引领带动全国小城镇建设。住房和城乡建设部于2016年和2017年，先后公布了两批共403个全国特色小镇。在这些特色小镇中有些是以农业见长，有的是以服务业见长，有的则是以工业见长。如湖南长沙市浏阳市大瑶镇是世界上最大的花炮及材料集散中心；

广东省佛山市顺德区北滘镇是美的集团所在地,有"家电之乡"的美誉;湖北省宜昌市夷陵区龙泉镇因稻花香白酒而成为白酒之乡;河南省许昌市禹州市神垕镇则是钧瓷之都;江苏省苏州市吴江区震泽镇是中国的蚕丝被之乡。这些工业特色小镇以某类产业见长,借产业之名已发展成为旅游休闲的特色目的地。浙江、江苏等省也纷纷开展了省级特色小镇的评选。浙江省要求要把产业、文化和旅游结合起来,特色小镇要作为AAA级以上景区来建设,其中嘉兴的南湖基金小镇、嘉善巧克力甜蜜小镇、海盐核电小镇、海宁皮革时尚小镇、桐乡毛衫时尚小镇、湖州的丝绸小镇等都建设得很好。

第二节 需求视角的工业旅游市场特征及其拓展

中国作为拥有完整工业体系的大国,在工业化进程中衍生、积淀和升华的工业文化底蕴深厚。当前,中国工业面临转型升级、产业结构调整、化解产能过剩和提升新兴工业价值的急迫任务。20世纪90年代以来,中国各地的大中型企业逐步学习国外工业旅游的成功经验,纷纷依托自身的资源优势,走上工业旅游之路,中国的工业旅游市场开始破题。自2004年国家旅游局公布首批工业旅游示范点后,一些国有大型企业,如上海宝钢、青岛啤酒、青岛海尔、四川长虹、贵州茅台、北京首钢、中国一汽等开始积极探索工业旅游发展之路,适时推出特色工业旅游产品。伴随中国产业升级和生态文明建设的步伐,越来越多的工业主导型城市,如唐山、鞍山、黄石等开始注重工业旅游开发,探索工业城市的转型升级之路。目前,开展工业旅游活动的各类工业企业已遍布全国,中国工业旅游市场进入黄金期。

一、中国工业旅游市场特征

(一)年轻人和学生市场是工业旅游的主体市场

中国工业旅游与传统观光旅游有明显不同,它依托工业生产或工业遗产,寓"学"于游,科普性与体验性较强。湖南省长沙市曾于2014年作过一次街头的采访,受访者中有80%的人表示想去工业旅游景点看一看。其中女性更倾向于去看看日常消费品工厂,男性偏重于汽车等高科技领域。来自网络旅游平台"驴妈妈"的销售数据显示,2016年前11个月平台售出的工业旅游产品较上年同期增长了32.4%。购买者主体集中于年轻人,占比达80.15%;游客群体以散客为主,多是1~2人的出行。因为年轻人对旅游产品的个性化和体验感要求较高,工业旅游可以满足他们的心理,使之成为工业旅游的主要客源市场。

工业旅游的科普特性特别适合中小学生市场和亲子游市场。学生们好奇心强,对外面的世界充满好奇,处于快速的知识吸收阶段,对于钢铁是如何炼成的、空调汽车是如何生产出来的、卫星是如何发射的等高新科技兴趣浓厚。研学旅游也是各地教育主管部门主要推广的中小学生社会实践活动,工业旅游产品正好契合、满足了该市场的产品需求,成为中小学生假期社会实践活动的重要选择之一。如安徽省合肥市于2008年正式启动"万名学生合肥工业游活动",9年来已有40多万名学生从工业游中受益,增长了见识,开阔了视野。随着国民素质的不断提升,家庭对子女教育越来越重视,工业旅游的科学性使它成为家庭亲子出游的重要选择对象。

对于大学生市场而言,他们对自己未来工作、生活的场所充满无限向往,希望通过工业旅游提前感知将来的工作环境。一些重要的工业制造性企业,一直以来都与高等院校保持着密切联系,是高等学校的产学研基地,是专业学生实习的重要场所。一些企业利用这一资源优势,针对高校学生实习实践市场推出相应的工业旅游产品,不仅满足了高校学生专业实践的要求,也为企业带来了品牌和经济的双重效益。如河南省洛阳市的"东方红拖拉机厂",一直是传统的高校实习接待基地,每年都能接待3万名高校实习生前来参观、学习,停留约10天左右。

教育部2016年全国教育事业发展统计公报显示(表2-2),中国在校学生有2.1亿,且二胎政策已经开放,党的十九大报告又提出了普及高中教育,未来中国在校学生的数量是一个庞大的群体。中国人口统计数据显示,64岁以后的老年人群体有1.5亿。随着老龄化社会的到来,老年市场的规模会日益扩大。这两大市场在人口的占比较高,是中国工业旅游市场可以进一步大力开拓的市场,也是中国工业旅游市场的潜力所在。

表2-2 2016年中国在校学生及老年人口数(万人)

在校小学生	在校初中生	在校高中生	在校大学生	老年人
9 913.01	4 329.37	3 970.06	3 699	15 003

(二)大中城市是中国工业旅游市场的集中区域

世界范围内的工业革命形成了以工厂为核心的工业区,并逐渐扩大形成工业城市,工业城市成为广大工业遗址的所在地。由于城市拥有便利的交通、广阔的市场,所以现代化的工厂主要建设在城市周围。这决定了工业旅游产品的开发,无论是遗址的保护还是现代工厂旅游的开展都是在城市进行,城市成为工业旅游产品的集中地。如上海、青岛、广州、武汉、重庆、长沙、洛阳、西安、东莞以及民营经济发达的浙江各地,依托其工业资源优势,推出不同种类、不同特色的工业旅游产品。

因工业而兴的城市,聚集了大量的人口。城市居民随着经济收入和闲暇时间的增多,以及对旅游产品个性化和多样化需求的提升,成为工业旅游产品主要的客源市场。各地经贸往来频繁,各种依托城市核心产业的博览会、展览会、洽谈会等会展旅游如火如荼展开,以商务、考察、会展为目的的游客也成为工业旅游市场的重要组成部分。随着农村经济的发展,农民收入持续增加,对城市的休闲旅游越来越感兴趣,他们是工业旅游潜在的重要市场。

(三)中国工业旅游市场需求逐渐升温

20世纪90年代中国工业旅游开始推出相应的产品,当时的市场主要集中于与企业关系密切的经销商和客户。如武汉市的东风汽车公司最早推出工业旅游产品时主要针对经销商、潜在车主和家属。随着工业旅游产品的不断丰富,市场逐渐向普通市民和学生市场开放,但每年的参观人数有限,企业主要从维护客户关系,扩大企业影响力,建立企业品牌形象,甚至公益社会的角度进行市场运营。有些企业推出的工业旅游产品是免费的,有些企业仅收取一些象征性的费用,市场总体比较平淡。2004年,国家旅游局推出中国工业旅游示范基地建设,力推工业旅游发展,以及在工业城市转型升级的背景之下,各地大型企业加大了工业旅游的投入和宣传,工业旅游市场逐渐升温,市场逐渐走强。特别是2016年国家旅游局公布第一批工业旅游示范点创新单位之后,工业旅游发展如火如荼。如2016年,武钢博物馆累计接待参观者近100万人次;位于湖北黄石大冶的劲牌公司年均接待游客量达10万人次;上海宝钢的工业旅游起步最早可算到1997年,截至2016年已累计接待了130余万名游客;青岛啤酒公司2003年利用原有建筑及生产线建设了国内第一家啤酒博物馆——青岛啤酒博物馆,2016年国庆黄金周期间该博物馆接待游客3.4万人次,营业收入218.6万元;同城的海尔集团工业旅游也开始得较早,截至2016年上半年共接待游客930万人;重庆的周君记火锅食品工业体验园从2007年正式对外开放至2016年,已累计接待游客300余万人次;浙江是中国民营经济最活跃的地区,温州自古商贾云集,是全国市场经济发育最早的地区之一,曾被授予"中国鞋都""中国金属外壳打火机生产基地"等称号,大虎打火机公司一年接待10万游客,仅工业旅游纪念品年销售额就达450万元,相当于一个中型企业一年的销售额。另外,山西以汾酒、竹叶青酒闻名的山西杏花村汾酒集团,每年平均接待国内外游客23万人次,旅游年营业收入500万元,足足抵得上一个中型企业的营业收入。

伴随工业旅游市场的升温,国家旅游局预测,未来五年我国工业旅游将进入一个黄金发展期,接待游客总量将超过10亿人次,旅游直接收入总量超过2000亿元,新增旅游直接就业超过120万人,带动间接就业新增超过600万人。根据国家旅游"十三五"发展规划以及国家旅游局对工业旅游的前景分析,预测到2030年中国工业旅游综合收入将超过6万亿元,占全国旅游综合收入的30%(表2-3)。

表2-3 中国工业旅游前景预测

时间 (年)	接待游客总量			旅游综合收入		
	全国 (亿人次)	工业旅游 (亿人次)	工业旅游占全国 比重(%)	全国 (万亿)	工业旅游 (万亿)	工业旅游占全国 比重(%)
2015	41.00	1.30	3.17	4.13	0.10	2.42
2020	67.00	10.00	14.93	7.00	1.50	21.43
2025	85.00	16.00	18.82	12.00	3.20	26.67
2030	100.00	20.00	20.00	20.00	6.00	30.00

专栏四 发展愿景与目标

2015年,旅游业对国民经济的综合贡献度达到10.8%。国内旅游、入境旅游、出境旅游全面繁荣发展,已成为世界第一大出境旅游客源国和全球第四大入境旅游接待国。

"十三五"旅游业发展的主要目标是,到2020年,旅游市场总规模达到67亿人次,旅游投资总额2万亿元,旅游业总收入达到7万亿元。

(资料来源于《"十三五"旅游业发展规划》)

未来五年,我国工业旅游将进入一个黄金发展期,接待游客总量将超过10亿人次,旅游直接收入总量超过2 000亿元,实现综合收入总量可能超过直接收入的10倍以上,新增旅游直接就业超过120万人,带动间接就业新增超过600万人。

到2025年,我国将创建1 000个国家工业旅游示范点,100个工业旅游基地,10个工业旅游城市。即在全国创建1 000个以企业为依托的国家工业旅游示范点、100个以专业工业城镇和产业园区为依托的工业旅游基地、10个以传统老工业基地为依托的工业旅游城市。初步构建协调发展的产品格局,成为我国城乡旅游业升级转型重要战略支点。

［资料来源于《全国工业旅游发展纲要(2016—2025年)》］

(四)互动体验类工业旅游产品最受市场欢迎

传统的工业旅游产品都是参观工厂,游客对此兴趣不高。成功的工业旅游产品项目更多地加入了互动体验环节,让游客在动手操作和实景体验中感受企业文化和科技奥秘。美国的波音公司在西雅图的工厂配有7个座位的模拟器"创新者号",游客可以在驾驶舱中体验操作飞机。参观德国奔驰公司的游客,可以在实景的奔驰车间体验工人的工作,如穿上奔驰的工作服,拧上几颗螺丝钉,到工人的食堂里吃顿午饭,感受国际企业的管理和服务,最后购买些印有奔驰商标的钥匙圈、丝巾、手表等纪念品。广东省中山市的咀香园是一家食品生产企业,专门推出了DIY杏仁饼项目,一些当地的居民利用节假日走进工厂,在工厂师傅的指导下手工制作杏仁饼,体验传统工艺特色。浙江省的歌菲颂甜蜜小镇的工业游除了参观巧克力的生产过程外,游客还可以自己动手制作巧克力食品。这些互动项目的加入,使游客产生了"游兴",增加了工业旅游产品的吸引力。

(五)工业旅游产品多样化趋势凸显

目前,在中国工业旅游市场上推出的工业旅游产品涉及的产业类型多样,包括食品加工、酒类酿造、钢铁、汽车制造、能源开采、工艺美术、水利水电、化学化工、航空科技以及电子电器等多个领域。不同的产业类型根据自身的资源特点设计推出了多样化的旅游产品,有博物馆、观光工厂、工业园区或特色小镇等。这些工业旅游产品的设计者也意识到单一的参观方式不再受欢迎,在产品设计时增加了许多科技、DIY以及娱乐游戏的元素,使工业旅游产品结构越来越完整,产品表现形式更加多样化。

一些工业城市工业旅游资源丰富,工厂林立,或围绕某一主题的上下游产业链完善,它们推出了不同的产品系列,形成完整的产品体系。如黑龙江省大庆市构建了石油工业展馆游、油田纪念地游、石油工业场景游、电力科普游等与石油工业相关的多样性的石油工业旅游产品体系;中国最大的黄金生产基地——招远,也以黄金为主题,推出黄金博物馆、矿井体验、实景游览和淘金小镇的多样化产品吸引游客。

(六)工业旅游产品市场品牌正在逐渐形成

中国工业旅游市场虽然刚刚开始破题,但发展较早的工业旅游产品因其广泛的市场接受度和好感度,借助其企业原有的品牌优势,正逐步在旅游市场上树立自己工业旅游的品牌形象。工业旅游品牌是企业品牌的创新和延伸,虽建立在企业品牌之上,但同时也会强化、提升企业品牌,是企业品牌构成的重要组成部分。如湖北省黄石市劲牌有限公司的"万人游毛铺""跟着劲酒去旅行",宝钢、首钢、鞍钢、包钢等国家大型钢铁企业的"钢铁是如何炼成的",北京"798"艺术区、张裕葡萄酒文化旅游等,都依托原有企业品牌,树立了良好的口碑。青岛啤酒博物馆成为首家入围中国品牌500强的工业旅游品牌。

二、中国工业旅游市场拓展与营销

(一)组合线路增加产品的可游性和层次性

单一的工业旅游产品虽然也具有很强的吸引力,但存在产品单调、可游性差、游客停留时间短等问题。目前,多地的工业旅游产品都与周边地区的其他类型的旅游产品结合成可看、可游、可玩的综合线路产品,以增加产品的吸引力,提升产品的可接受度,延长游客的停留时间。由湖北省旅游发展委员会、鄂西生态文化旅游圈投资有限公司主办,湖北洈水投资发展集团、湖北白云边集团承办的"白云边·洈水蓝"旅游线路,以酒文化推广为轴线,组织市民体验洈水休闲度假、运动养生、研学旅行、激情露营、野外拓展等旅游产品,同时走进白云边酒厂,触摸白云边工业文明,体验科技魅力,感受文化底蕴,共同打造了一个集工业旅游、观光旅游、水上运动、汽车自驾露营为一体的旅游新品。洈水风景区有着全国首家五星汽车露营地,游客可以体验水上运动、野外拓展等。白云边工业园为游客展示了白酒的酿造过程、文化及园区景色,带领游客体验"且就洞庭赊月色,将船买酒白云边"的意境。这种组合线路互为补充,可将单纯的两日游变为三日游或者更久,更适合家庭出游。武汉市东西湖区旅游局自2012年起连续推出"食品工业游",包括益海嘉里、蒙牛乳业、如意农业观光园等工农业旅游示范点。游客通过参观企业产品的制作生产过程,进一步了解食品安全与卫生情况,同时还能学习健康与营养的知识,获得了外界广泛好评。

(二)策划主题类的工业旅游产品

工业旅游市场庞大,但不同群体对工业旅游市场的需求不一,关注点不一。女性较关注食品安全,男性对高科技产品有兴趣,老年人喜欢怀旧,青少年学生喜欢科普和动手操作。因此,单一的线路针对不同市场,游客的体验满意度会受影响。应按照不同市场的诉求将工业旅游产品进行组合,策划推出主题类产品,满足不同市场的需求。上海市是中国工业重镇,工业旅游资源得天独厚,涵盖工业企业、行业博物馆、工业遗存、创意产业集聚区、重大工程建设成就等多种类型。为满足不同客源市场的要求,特别策划了"老年人——怀旧情结""学生——走出课堂与实践结合""商务考察——又一张上海名片"为主题的旅游产品,推出"沧桑"上海——中国百年工业探访之旅、"极速"上海——中国交通工业奔驰旅、"起航"上海——中国船舶工业前进之旅等75条工业旅游线路产品。同产业链上下游企业如果相隔不远,也可推出以产业链为主题的旅游产品,让游客一站式清晰了解产品是如何从原料到成品的制造过程。

正在火爆兴起的工业特色小镇是以某个产业为核心,将工业展示、文化传承、旅游体验结合在一起,形成特色的工业旅游休闲游憩区,是主题性工业旅游产品的最典型化表现。如浙江省湖州市的丝绸小镇位于生态环境良好的西山漾国家城市湿地公园,以丝绸历史文化、丝绸产业变化为核心,小镇推出了蚕桑文化体验园、丝绸产业旅游工厂、丝绸博物馆等丝绸主题类产品,吸引现代人体验种桑养蚕的生活,并推广丝绸织造传统工艺,提升了丝绸产业的附加价值。

(三)工业节庆带动城市整体旅游发展

工业旅游的兴起使名牌工业产品优势延伸为整个城市的品牌优势,工业主题节庆活动的举办不仅可以展示该产业或企业在工业方面的实力和成就,同时还可以借助节庆活动整合城市的各项资源、打造特色旅游城市品牌。比如,"青岛国际啤酒节"融合节会节庆、休闲娱乐、商贸交流、科技体验等资源,创造了"旅游+工业"的全新发展模式,成为城市的金字招牌。自1988年便开始举办的大连国际服装节已经成为国际性知名的服装节和时尚盛会,每年节庆期间吸引成千上万来自国内外的游客光顾,成为大连的一张闪亮名片。

(四)提升产品的参与性和体验性

工业旅游产品设计开发要以市场为导向,满足游客对个性化、参与性、趣味性、体验性、娱乐性、科普性等众多要求,如此工业旅游产品才可能具有更强的市场吸引力。工业旅游本身的参与性很强,但由于企业要进行正常生产,不可能开放车间或流水线给游客体验感受,通常的做法是把旅游活动限定在旅游通道内。游客在观光通道内走走看看,没有机会实际动手参与,一般情况下游兴不高,旅游活动通常都是草草结束,工业旅游完全实现企业认同的目的很难达到。一些企业认识到了这一问题,在其产品设计中增加了大量的参与性和体验性的互动元素。如浙江省嘉兴依爱夫游戏装文化产业有限公司的平湖伊佳林开心梦工场充分地将参与性元素融入旅游产品之中,参观工厂的小朋友们可以穿着该公司设计生产的游戏服装扮演公主、英雄、魔法师等各种角色进行游戏。另外,在游乐项目中公司特设了服装旗舰店,孩子们可以在店内试穿衣服,家长可以根据孩子试穿情况,酌情购买服装,企业在不知不觉之中完成了产品的销售。同时,游乐项目本身也具有一定的盈利能力,梦工场的门票挂牌价为 130 元/人,2015 年累计接待游客 15 万人次左右。湖南省长沙市的比亚迪工业园开展了筑梦汽车王国、亲子趣玩雨花活动,不仅组织家长和小朋友参观长达 1.8 千米的汽车制造工艺流程,感受汽车是如何制造出来的科技奥秘,还特别在亲子互动环节设计了遥控汽车比赛,感受汽车工业的魅力。

(五)销售和推出工业产品及衍生产品

企业开展工业旅游最重要的意义除树立企业品牌形象外,就是希望能以此带动企业产品的销售,这是企业工业旅游最核心的诉求之一。因此,工业旅游在组织游客参观体验的同时,销售工业产品也是题中之义。而许多游客之所以参加企业组织的工业旅游,出发点也是希望能买到质优价廉的产品。如参观日本北海道的白色恋人巧克力工厂的游客既可以现场购买巧克力,也可以通过工厂将巧克力邮寄到世界各地。在销售工业产品的同时,企业还应结合现代人的消费理念和生活方式，设计制造带有企业特点的旅游纪念品，赠送游客或供其选购。一些汽车公司可以设计推出本公司产品系列的车模，一些日用工艺美术品企业可以为顾客定制产品，还可以以企业文化传播为背景，推出企业特色文化产品。如青岛啤酒博物馆内提供各类独家定制的纪念品——"啤酒"保温杯、"酒箱"巧克力、纪念衫等旅游纪念品，帮助游客固化旅游体验。这些旅游纪念品带有企业的LOGO，是企业文化重要的推广和宣传载体。

（六）借助互联网进行线上营销推广

中国工业旅游产品的市场接受度和知名度较低的原因之一，主要是营销推广不够。早期的工业旅游市场主要是企业合作者和顾客，范围狭窄，不需要做营销推广，且大中型企业的工业旅游收入与企业的整体收入相比所占比例很低，企业不重视，更不可能投入大量的资金进行营销推广。随着工业旅游市场的升温及其在企业形象和品牌塑造中的积极作用，当前企业都对本企业的工业旅游产品进行了重新的定位，营销宣传的投入也随之增多。除了传统媒体和传统旅行社的营销推广活动外，互联网时代工业旅游产品的宣传更应进行网络推广，如设立专门的网站、微博、微信公众号，并依托线上销售平台进行线上销售，扩大产品的影响力和客源市场，实现线上线下的融合。

竞争与共赢：中国城市工业旅游竞争力评价与分析

  工业旅游是伴随着工业化发展转型以及人们对旅游资源理解的拓展而产生的一种新型旅游概念和产品形式，随着工业旅游成为新一轮旅游产业的增长极，工业旅游竞争力也成为城市竞争力的核心组成部分。所以，工业旅游发展竞争自始至终存在，但终极目标是合作共赢，推动中国工业旅游大发展。在此背景下，认识各地尤其是城市工业旅游竞争力在全国的比较优势和地位，对标发展、精准发展意义重大。基于此，我们选取区位与交通快速便捷性条件、旅游经济发展质量与效益、工业经济发展质量与效益、工业旅游资源及潜力、工业旅游发展现状、工业旅游发展环境、生态文明显示度七个指标构建了中国城市工业旅游竞争力评价体系，对中国城市工业旅游竞争力进行了分析评估。值得注意和需要强调的是，分析评估中我们按照党的十九大精神更加关注新发展理念下的工业旅游发展质量和效益问题，提质增效走内涵发展道路是我们坚持的评价标准和依据。

第一节　评价对象与评价指标体系

一、评价对象选择

  中国工业旅游发展地区、行业差异大，在评价对象选择时主要兼顾了地域分布和工业旅游类型的差异性等问题。由于工业旅游主要发生在城市及其毗邻区域,因此重点以城市为单位进行考察分析。分析评估时充分考虑了地域分布的差异性和代表性。为了避免地域差异对评价造成的偏差,先以省域为单元进行分析比选,然后再做省域横向比较选择。同时,考虑到不同的工业类型导致的工业旅游发展方式的差异,我们采用集约度指标划分工业类型,并结合区位因素和工业旅游发展特征,在省域尺度选取代表性工业城市。此外,工业旅游发展现状及潜力是我们进行对象选择时考虑的重要因素。基于上述三条标准,初选了217个城市作为评价对象。数据来源主要为中国城市数据库、中国旅游数据库、《中国城市统计年鉴》、《中国旅游统计年鉴》、各地"十三五"旅游业发展规划以及政府相关文件等。同时,借助大数据分析工具收集挖掘一批资料作为补充并借助特尔斐法获取一部分基础数据。

二、评价指标体系构建

中国城市工业旅游竞争力评价指标体系是一个综合评价体系,在构建过程中主要遵循以下四条原则:一是系统全面性原则。在选取指标时把能够反映城市工业旅游各方面的指标尽量都考虑进去;同时在选取不同方面的指标时尽量选择具有代表性的典型指标。各指标间既相互独立又相互联系,共同构成一个有机整体。二是科学性原则。在选取评价指标时,首先,参考国内外相关的评价指标及体系,在此基础上再进行归纳总结;其次,指标体系需要有一个更为规范、准确的表达方式,每个指标的权重应该是根据其贡献度以及不同指标对研究对象的诠释程度来确定,这样指标体系才能够对样本城市作出科学准确的评估。三是可比性原则。城市工业旅游竞争力是相对而言的,构建中国城市工业旅游竞争力评价指标体系,既需要反映工业旅游竞争力的绝对指标,也需要反映发展变化过程与空间差异的相对指标。四是一般与具体相结合的原则。首先依据研究对象普遍的一些共同特征进行设计,再根据数据的可得性和指标的重要性以及城市工业旅游发展的实际状况进行调整。根据上述四原则,构建中国城市工业旅游竞争力评价指标体系(表 3-1)。

表 3-1 中国城市工业旅游竞争力评价指标体系

一级指标	二级指标
1. 区位与交通快速便捷性条件	1.1 区位与可达性(x_1) 1.2 交通便捷性(x_2)
2. 旅游经济发展质量与效益	2.1 旅游年接待人数(x_3) 2.2 旅游收入水平(x_4)
3. 工业经济发展质量与效益	3.1 工业总产值(x_5) 3.2 工业生产总值占 GDP 的比重(x_6) 3.3 规模以上工业增加值占工业总产值的比重(x_7)
4. 工业旅游资源及潜力	4.1 独特性与历史文化价值(x_8) 4.2 科学教育价值(x_9) 4.3 休闲娱乐与旅游价值(x_{10})
5. 工业旅游发展现状	5.1 工业旅游景点建设(x_{11}) 5.2 工业旅游示范效应(x_{12}) 5.3 工业旅游经济发展情况(x_{13}) 5.4 城市旅游形象与知名度(x_{14})
6. 工业旅游发展环境	6.1 政府出台的支持文件(x_{15}) 6.2 地方工业旅游发展规划(x_{16}) 6.3 工业旅游投资环境(x_{17})
7. 生态文明显示度	7.1 城市建设区绿化覆盖面积(x_{18}) 7.2 人均绿地面积(x_{19}) 7.3 人居环境(x_{20})

区位与交通快速便捷性条件：城市间的相互作用凭借现代化的信息网和道路交通网正逐渐增强，城市想要发挥自身的工业旅游资源与产业优势离不开区位与道路交通条件的强力支撑。城市自身的区位优势与道路交通在某种程度上来说，是城市核心竞争力的基础与关键。因此，该维度主要包含两个指标，分别是区位与可达性（x_1）和交通便捷性（x_2）。

　　旅游经济发展质量与效益：城市工业旅游竞争力的重要构成要素之一就是旅游竞争力，而城市的旅游经济发展质量与效益又是城市旅游竞争力的重要基础体现。旅游经济发展质量与效益不仅指的是城市的旅游经济环境，它还包括在数据的基础上考虑城市的旅游经济发展质量，单位投入带来的产出以及社会效益。因此，该维度主要包含两个指标，分别是旅游年接待人数（x_3）和旅游收入水平（x_4）。

　　工业经济发展质量与效益：工业经济的发展水平是衡量一个地区工业发展状态的重要指标，工业经济发展能够为工业旅游建设提供经济基础，同样，旅游发展能够为当地经济带来有效驱动力。这里的工业经济发展质量不仅指工业总额情况，更强调工业的集约化、规模化发展水平及其对国民经济的贡献程度。因此，该维度包含三个指标，分别是工业总产值（x_5）、工业生产总值占GDP的比重（x_6）和规模以上工业增加值占工业总产值的比重（x_7）。

　　工业旅游资源与潜力：旅游资源是吸引游客的基础，而工业旅游资源是开发工业旅游项目的载体，是其竞争力的核心，涵盖了企业厂房设备、工厂遗址、工业生产技术、企业工业文化等物质以及非物质资源。工业旅游资源决定现有工业旅游项目可开发的最大程度，工业旅游潜力意味着未来可以发展的程度，两者都会对该地区工业旅游竞争力的强弱产生影响。普遍意义上，游客会被某个旅游项目的自然生态或历史文化内涵所吸引，而对于新兴的工业旅游景点来说，更多的是通过向游客展示企业独特的工业流程、高端科技或是相配套的休闲娱乐项目来提供旅游服务。因此，该维度包含三个指标，分别是独特性与历史文化价值（x_8）、科学教育价值（x_9）和休闲娱乐与旅游价值（x_{10}）。

　　工业旅游发展现状：工业旅游发展现状间接体现了一个地区工业旅游

项目对游客的吸引力。发展现状既包含数量上的发展，即相关景点建设数量以及集群效应；也包含了效益和质量上的发展水平，其中，效益主要通过经济指标来体现，而质量主要通过示范效应来体现，示范点以及示范基地的建设意味着该工业旅游项目有能力、有基础为游客提供更好的旅游体验，能够为景点提供更好的口碑基础。另外，该地区本身的旅游形象和知名度也对其工业旅游的发展有着重要意义，最为明显的例子就是云南大理频繁出现的旅游安全事件严重影响了城市旅游形象，致使相关产业经历了一阵"寒冬"。基于此，该维度主要选取以下四个指标：工业旅游景点建设(x_{11})、工业旅游示范效应(x_{12})、工业旅游经济发展情况(x_{13})和城市旅游形象与知名度(x_{14})。

工业旅游发展环境：相对于欧美国家，中国的工业旅游起步较晚，在引入社会投资和民营机构的同时，仍需要政府发挥在规划、土地资源配置和公共服务方面的主导作用。这种主导作用体现在三个方面，一是通过政策法规对其进行制约与鼓励，维护市场秩序；二是通过系统规划，引导其健康发展；三是通过货币与非货币政策为其营造绿色投资环境。在衡量城市的政策环境时，主要考虑政策在数量和质量上的差异，即城市的政策密集度及对于促进工业发展的力度。因此，该维度选取了三个指标，分别是政府出台的支持文件(x_{15})、地方工业旅游发展规划(x_{16})和工业旅游投资环境(x_{17})。

生态文明显示度：旅游对旅游者来说，是基于放松心情、感受美好的诉求而产生的一种行为。因此，对工业旅游的主体用户来说，空气清新、环境友好、生态文明是他们选择某工业旅游地的主要考虑要素之一。因此，绿色生态建设会对城市工业旅游竞争力产生愈发重大的影响。另一方面，在工业生产发展初期，一味讲求快速发展的理念必然会给周边环境带来自然环境质量下降、历史遗产破坏等负面影响，因此，环境污染也被考虑在内。基于此，该维度主要选取了三个指标，分别是城市建设区绿化覆盖面积(x_{18})、人均绿地面积(x_{19})和人居环境(x_{20})。

第二节 评价结果与分析

一、评价结果

(一)综合竞争力评价结果

运用主成分分析法得到中国城市工业旅游综合竞争力指数表(表3-2)。

表3-2 中国城市工业旅游综合竞争力指数表(前100名)

城市	综合评价	排名
北京市	100.00	1
上海市	98.85	2
深圳市	97.77	3
广州市	96.34	4
青岛市	96.03	5
长春市	95.70	6
重庆市	94.77	7
唐山市	93.85	8
黄石市	93.48	9
杭州市	93.21	10
武汉市	93.03	11
太原市	92.88	12
沈阳市	92.26	13

续表 3-2

城市	综合评价	排名
洛阳市	91.47	14
泉州市	91.25	15
景德镇市	91.15	16
厦门市	90.82	17
佛山市	90.64	18
大庆市	90.01	19
株洲市	88.08	20
南京市	87.32	21
天津市	86.88	22
西安市	86.66	23
柳州市	86.33	24
大同市	86.23	25
泸州市	85.80	26
无锡市	85.69	27
酒泉市	85.58	28
宜昌市	85.46	29
克拉玛依市	85.36	30
温州市	84.30	31
铜陵市	84.09	32
自贡市	83.23	33
成都市	82.58	34
遵义市	82.37	35
包头市	82.15	36
绵阳市	82.05	37
萍乡市	81.51	38

续表 3-2

城市	综合评价	排名
吉林市	80.86	39
鄂尔多斯市	80.65	40
长沙市	80.43	41
苏州市	80.33	42
宁波市	80.00	43
昆明市	79.90	44
通化市	79.54	45
马鞍山市	79.35	46
哈尔滨市	78.71	47
郑州市	78.63	48
徐州市	78.52	49
汕头市	77.85	50
大连市	77.42	51
秦皇岛市	77.15	52
安阳市	76.99	53
齐齐哈尔市	76.89	54
本溪市	76.56	55
济南市	76.34	56
福州市	76.24	57
合肥市	76.14	58
抚顺市	76.13	59
鞍山市	75.91	60
乌鲁木齐市	75.85	61
连云港市	75.81	62
兰州市	75.71	63

续表 3-2

城市	综合评价	排名
阜新市	75.61	64
十堰市	75.27	65
乐山市	75.05	66
安庆市	74.84	67
攀枝花市	74.74	68
玉溪市	74.19	69
玉门市	73.33	70
南通市	72.47	71
嘉兴市	72.26	72
呼和浩特市	72.04	73
南昌市	71.94	74
南宁市	71.83	75
扬州市	71.61	76
嘉峪关市	71.51	77
承德市	70.97	78
新乡市	70.87	79
石家庄市	70.54	80
咸阳市	69.89	81
银川市	69.46	82
郴州市	69.36	83
红河州	69.26	84
烟台市	69.03	85
宝鸡市	68.93	86
九江市	68.82	87
亳州市	68.72	88

续表 3-2

城市	综合评价	排名
石嘴山市	68.60	89
阳江市	68.39	90
湘潭市	67.96	91
白山市	67.74	92
黄山市	67.53	93
邢台市	67.43	94
芜湖市	67.31	95
衡阳市	67.10	96
济宁市	67.00	97
长治市	66.45	98
湖州市	66.35	99
枣庄市	66.25	100

(二)分维度竞争力评价结果

从指标体系涵盖的七个维度得到相关结果(表 3-3~表 3-9)。

表 3-3 区位与交通快速便捷性条件竞争力指数表(前 100 名)

城市	区位与交通快速便捷性条件	排名
深圳市	100.00	1
北京市	98.82	2
上海市	97.78	3
广州市	97.05	4
苏州市	96.89	5
杭州市	96.57	6

续表 3-3

城市	区位与交通快速便捷性条件	排名
武汉市	95.90	7
南京市	95.65	8
青岛市	95.13	9
沈阳市	94.90	10
长春市	94.62	11
重庆市	94.01	12
太原市	93.63	13
天津市	93.55	14
宁波市	93.01	15
厦门市	92.69	16
唐山市	92.49	17
成都市	91.80	18
洛阳市	90.66	19
西安市	89.88	20
郑州市	89.76	21
温州市	89.47	22
济南市	89.28	23
长沙市	88.97	24
台州市	88.74	25
佛山市	88.63	26
黄石市	88.02	27
景德镇市	87.87	28
芜湖市	87.35	29
无锡市	87.03	30
南昌市	86.79	31

续表 3-3

城市	区位与交通快速便捷性条件	排名
福州市	86.03	32
酒泉市	85.67	33
泉州市	85.49	34
大庆市	85.25	35
扬州市	84.69	36
大连市	84.35	37
嘉兴市	83.97	38
合肥市	83.63	39
淄博市	83.25	40
吉林市	82.90	41
连云港市	82.43	42
汕头市	81.67	43
株洲市	81.63	44
柳州市	80.11	45
九江市	80.07	46
包头市	79.99	47
湖州市	79.66	48
泸州市	75.62	49
遵义市	75.32	50
自贡市	74.70	51
克拉玛依市	74.64	52
兰州市	74.60	53
丹东市	74.50	54
铜陵市	74.49	55
秦皇岛市	74.34	56

续表 3-3

城市	区位与交通快速便捷性条件	排名
石家庄市	74.24	57
大同市	74.12	58
龙岩市	74.03	59
萍乡市	73.95	60
鞍山市	73.88	61
南通市	73.87	62
湘潭市	73.80	63
衡阳市	73.72	64
烟台市	73.57	65
许昌市	73.56	66
阳江市	73.55	67
宜昌市	73.42	68
马鞍山市	73.27	69
河源市	73.19	70
金华市	73.04	71
本溪市	72.88	72
绵阳市	69.34	73
齐齐哈尔市	68.95	74
昆明市	66.78	75
银川市	66.65	76
邢台市	66.20	77
锦州市	66.12	78
哈尔滨市	66.04	79
乌鲁木齐市	66.03	80
安庆市	65.97	81

续表 3-3

城市	区位与交通快速便捷性条件	排名
郴州市	65.81	82
十堰市	65.81	83
汾阳市	65.66	84
攀枝花市	65.43	85
鹰潭市	65.35	86
安阳市	65.20	87
贵阳市	65.12	88
抚顺市	65.12	89
玉溪市	65.05	90
石嘴山市	64.97	91
通化市	64.96	92
黄山市	64.89	93
朔州市	64.82	94
枣庄市	64.82	95
亳州市	64.66	96
鄂尔多斯市	64.66	97
承德市	64.59	98
长治市	64.44	99
呼和浩特市	64.21	100

表 3-4 旅游经济发展质量与效益竞争力指数表(前 100 名)

城市	旅游经济发展质量与效益	排名
北京市	100.00	1
上海市	98.65	2
青岛市	97.65	3

续表 3-4

城市	旅游经济发展质量与效益	排名
杭州市	96.66	4
深圳市	95.88	5
广州市	94.99	6
长春市	94.83	7
重庆市	94.21	8
成都市	94.16	9
武汉市	93.88	10
太原市	93.62	11
黄石市	92.65	12
南京市	92.22	13
唐山市	92.02	14
景德镇市	91.89	15
洛阳市	90.74	16
西安市	90.01	17
厦门市	89.99	18
无锡市	89.66	19
沈阳市	87.77	20
宁波市	86.97	21
长沙市	86.50	22
合肥市	85.98	23
佛山市	85.33	24
酒泉市	85.33	25
苏州市	85.02	26
贵阳市	84.67	27
大庆市	84.53	28

续表 3-4

城市	旅游经济发展质量与效益	排名
大连市	84.03	29
郑州市	83.42	30
九江市	83.01	31
哈尔滨市	82.99	32
宜昌市	82.87	33
温州市	82.06	34
泉州市	81.67	35
株洲市	81.66	36
南宁市	81.55	37
柳州市	81.46	38
克拉玛依市	81.43	39
金华市	81.21	40
昆明市	81.03	41
湖州市	80.95	42
济南市	80.86	43
嘉兴市	80.60	44
烟台市	80.60	45
泸州市	79.21	46
石家庄市	79.21	47
枣庄市	79.14	48
天津市	78.95	49
遵义市	78.86	50
南昌市	78.66	51
大同市	78.64	52
福州市	78.45	53

续表 3-4

城市	旅游经济发展质量与效益	排名
吉林市	78.24	54
淄博市	78.17	55
鞍山市	77.77	56
丹东市	77.70	57
乐山市	77.70	58
徐州市	77.63	59
安庆市	77.50	60
宝鸡市	77.50	61
黄山市	77.43	62
南通市	77.43	63
扬州市	77.36	64
铜陵市	76.95	65
自贡市	76.25	66
芜湖市	75.98	67
咸阳市	75.91	68
渭南市	75.91	69
运城市	75.91	70
秦皇岛市	75.84	71
承德市	75.78	72
十堰市	75.77	73
绵阳市	75.77	74
长治市	75.64	75
连云港市	75.64	76
郴州市	75.64	77
兰州市	75.63	78

续表 3-4

城市	旅游经济发展质量与效益	排名
湘潭市	75.44	79
安阳市	75.43	80
台州市	74.68	81
齐齐哈尔市	69.85	82
乌鲁木齐市	67.97	83
包头市	67.82	84
鹰潭市	67.82	85
抚顺市	67.74	86
本溪市	67.74	87
新乡市	67.74	88
萍乡市	67.67	89
河源市	67.67	90
龙岩市	67.59	91
汕头市	67.59	92
红河州	67.59	93
鄂尔多斯市	67.44	94
攀枝花市	67.37	95
锦州市	67.29	96
阳江市	67.29	97
玉溪市	67.21	98
邢台市	67.14	99
朔州市	66.99	100

表 3-5 工业经济发展质量与效益竞争力指数表（前 100 名）

城市	工业经济发展质量与效益	排名
北京市	100.00	1
上海市	98.97	2
青岛市	98.56	3
广州市	97.62	4
深圳市	97.39	5
长春市	96.47	6
重庆市	94.15	7
武汉市	93.24	8
厦门市	92.82	9
黄石市	91.65	10
太原市	91.54	11
杭州市	91.48	12
佛山市	90.00	13
景德镇市	89.76	14
大庆市	88.74	15
唐山市	88.22	16
株洲市	87.69	17
沈阳市	87.62	18
郑州市	87.10	19
金华市	87.10	19
洛阳市	86.62	21
宁波市	86.61	22
泸州市	86.54	23
酒泉市	86.25	24
淄博市	85.80	25

续表 3-5

城市	工业经济发展质量与效益	排名
克拉玛依市	85.74	26
天津市	85.47	27
西安市	85.42	28
泉州市	84.99	29
遵义市	84.99	29
无锡市	84.96	31
大同市	84.93	32
包头市	84.89	33
柳州市	84.79	34
嘉兴市	84.65	35
苏州市	84.65	36
南京市	84.63	37
石家庄市	84.49	38
济宁市	84.49	39
湖州市	84.00	40
萍乡市	83.87	41
连云港市	83.67	42
铜陵市	83.41	43
自贡市	82.15	44
吉林市	81.48	45
温州市	81.32	46
合肥市	80.67	47
许昌市	80.67	48
宜昌市	80.66	49
扬州市	80.11	50

续表 3-5

城市	工业经济发展质量与效益	排名
九江市	79.86	51
成都市	79.65	52
南通市	79.62	53
新乡市	79.53	54
鹰潭市	79.04	55
安阳市	79.03	56
福州市	78.71	57
长沙市	78.62	58
芜湖市	78.22	59
烟台市	78.12	60
绵阳市	76.54	61
马鞍山市	76.08	62
嘉峪关市	76.08	63
南昌市	75.61	64
阜新市	75.46	65
锦州市	75.46	66
通化市	75.46	67
安庆市	75.45	68
湘潭市	74.68	69
阳江市	74.68	70
鸡西市	74.53	71
邢台市	74.37	72
运城市	74.37	73
白山市	74.37	74
济南市	74.22	75

续表 3-5

城市	工业经济发展质量与效益	排名
衡水市	73.91	76
十堰市	73.91	77
汕头市	73.90	78
河源市	73.60	79
郴州市	73.44	80
秦皇岛市	73.29	81
兰州市	73.28	82
枣庄市	71.56	83
徐州市	71.23	84
鞍山市	68.06	85
银川市	68.01	86
抚顺市	67.88	87
黄山市	67.87	88
咸阳市	67.87	89
乐山市	67.73	90
本溪市	67.59	91
玉溪市	67.59	92
玉门市	67.58	93
红河州	67.44	94
汾阳市	67.30	95
贵阳市	67.15	96
亳州市	67.01	97
石嘴山市	67.01	98
渭南市	66.86	99
南宁市	66.71	100

表 3-6 工业旅游资源及潜力竞争力指数表(前 100 名)

城市	工业旅游资源及潜力	排名
北京市	100.00	1
上海市	99.44	2
沈阳市	97.19	3
深圳市	96.89	4
长春市	96.32	5
青岛市	94.88	6
重庆市	94.64	7
天津市	93.98	8
黄石市	93.88	9
太原市	93.75	10
厦门市	93.73	11
大庆市	93.67	12
唐山市	93.42	13
广州市	93.36	14
杭州市	92.85	15
铜陵市	92.70	16
柳州市	92.51	17
佛山市	92.14	18
武汉市	91.67	19
景德镇市	90.63	20
株洲市	90.15	21
洛阳市	89.85	22
南京市	88.95	23
宜昌市	88.11	24
克拉玛依市	87.64	25

续表 3-6

城市	工业旅游资源及潜力	排名
自贡市	87.36	26
成都市	86.98	27
泸州市	86.70	28
无锡市	86.58	29
泉州市	86.55	30
大同市	86.34	31
酒泉市	86.23	32
西安市	85.58	33
银川市	85.48	34
遵义市	85.39	35
大连市	83.95	36
郑州市	83.86	37
玉门市	82.67	38
昆明市	82.52	39
绵阳市	82.02	40
包头市	81.74	41
阜新市	81.02	42
乌鲁木齐市	80.26	43
温州市	78.86	44
南昌市	78.74	45
抚顺市	78.45	46
鞍山市	77.98	47
兰州市	77.14	48
亳州市	77.05	49
烟台市	77.05	50

续表 3-6

城市	工业旅游资源及潜力	排名
攀枝花市	76.67	51
衡阳市	76.30	52
萍乡市	76.14	53
呼和浩特市	75.83	54
扬州市	75.73	55
石嘴山市	75.70	56
湘潭市	75.55	57
合肥市	75.08	58
鄂尔多斯市	74.99	59
连云港市	74.73	60
汕头市	74.33	61
福州市	74.23	62
红河州	73.96	63
嘉兴市	73.67	64
安阳市	73.62	65
十堰市	73.58	66
郴州市	73.58	67
南宁市	73.58	68
玉溪市	73.58	69
秦皇岛市	73.55	70
白山市	73.42	71
吉林市	73.33	72
宝鸡市	73.30	73
承德市	73.05	74
宁波市	73.04	75

续表 3-6

城市	工业旅游资源及潜力	排名
通化市	72.90	76
哈尔滨市	72.74	77
渭南市	72.55	78
长沙市	72.39	79
本溪市	72.37	80
齐齐哈尔市	72.36	81
苏州市	72.23	82
济南市	72.20	83
马鞍山市	72.06	84
乐山市	71.99	85
运城市	71.86	86
许昌市	71.43	87
徐州市	71.05	88
朔州市	70.96	89
汾阳市	70.95	90
阳江市	70.94	91
安庆市	70.90	92
金华市	70.87	93
南通市	70.73	94
石家庄市	70.59	95
咸阳市	70.49	96
台州市	70.46	97
河源市	70.21	98
衡水市	69.74	99
龙岩市	69.74	100

表 3-7 工业旅游发展现状竞争力指数表(前 100 名)

城市	工业旅游发展现状	排名
北京市	100.00	1
上海市	97.00	2
深圳市	96.64	3
长春市	96.41	4
沈阳市	96.35	5
广州市	95.83	6
青岛市	94.59	7
唐山市	94.18	8
铜陵市	93.77	9
黄石市	91.63	10
重庆市	91.27	11
杭州市	91.23	12
太原市	90.66	13
武汉市	90.00	14
天津市	89.88	15
景德镇市	89.77	16
无锡市	89.35	17
大庆市	88.97	18
泸州市	88.94	19
洛阳市	88.73	20
遵义市	88.72	21
佛山市	88.67	22
成都市	88.63	23
株洲市	88.34	24
自贡市	88.11	25

续表 3-7

城市	工业旅游发展现状	排名
克拉玛依市	88.01	26
厦门市	87.70	27
萍乡市	87.29	28
柳州市	87.29	29
西安市	86.05	30
济南市	85.76	31
泉州市	85.63	32
南京市	85.43	33
温州市	85.32	34
郑州市	84.50	35
酒泉市	84.50	36
鄂尔多斯市	83.77	37
昆明市	83.56	38
宜昌市	82.66	39
大同市	81.63	40
鞍山市	81.29	41
长沙市	80.57	42
包头市	80.46	43
绵阳市	80.29	44
大连市	80.26	45
苏州市	80.25	46
哈尔滨市	79.64	47
汕头市	79.53	48
宁波市	79.43	49
南通市	79.22	50

续表 3-7

城市	工业旅游发展现状	排名
攀枝花市	79.11	51
扬州市	79.00	52
白山市	78.89	53
福州市	78.88	54
齐齐哈尔市	78.78	55
通化市	78.74	56
连云港市	78.67	57
十堰市	78.67	58
秦皇岛市	78.36	59
乐山市	77.95	60
乌鲁木齐市	77.95	61
阜新市	77.74	62
抚顺市	77.53	63
呼和浩特市	77.43	64
本溪市	77.02	65
玉溪市	77.02	66
吉林市	76.82	67
嘉兴市	76.71	68
马鞍山市	76.40	69
合肥市	76.40	70
安阳市	76.12	71
亳州市	75.98	72
红河州	75.98	73
烟台市	75.67	74
银川市	74.74	75

续表 3-7

城市	工业旅游发展现状	排名
贵阳市	74.64	76
黄山市	74.43	77
嘉峪关市	74.23	78
兰州市	74.02	79
阳江市	73.50	80
龙岩市	73.50	80
南昌市	73.30	82
徐州市	72.78	83
芜湖市	72.78	84
玉门市	72.68	85
湘潭市	72.26	86
石嘴山市	72.26	87
衡阳市	72.16	88
宝鸡市	72.16	89
咸阳市	72.06	90
承德市	71.95	91
石家庄市	71.89	92
淄博市	71.86	93
郴州市	71.80	94
安庆市	71.78	95
河源市	71.78	96
新乡市	71.68	97
枣庄市	71.37	98
济宁市	71.36	99
南宁市	71.06	100

表 3-8 工业旅游发展环境竞争力指数表(前 100 名)

城市	工业旅游发展环境	排名
上海市	100.00	1
北京市	96.68	2
广州市	95.65	3
长春市	94.83	4
深圳市	94.24	5
青岛市	93.85	6
唐山市	93.59	7
黄石市	93.23	8
杭州市	92.27	9
重庆市	92.21	10
洛阳市	92.12	11
武汉市	91.38	12
太原市	91.25	13
泉州市	90.65	14
沈阳市	90.12	15
柳州市	88.46	16
株洲市	88.16	17
佛山市	88.13	18
天津市	87.82	19
大庆市	87.81	20
包头市	86.90	21
厦门市	86.69	22
泸州市	86.56	23
南京市	86.34	24
无锡市	85.99	25

续表 3-8

城市	工业旅游发展环境	排名
大同市	85.89	26
萍乡市	85.69	27
克拉玛依市	85.15	28
酒泉市	85.15	29
吉林市	84.97	30
西安市	84.66	31
遵义市	84.62	32
宜昌市	84.05	33
景德镇市	83.89	34
温州市	83.63	35
宁波市	83.63	36
自贡市	83.57	37
铜陵市	82.89	38
苏州市	82.89	39
长沙市	82.89	40
绵阳市	81.59	41
昆明市	81.42	42
鄂尔多斯市	81.17	43
乌鲁木齐市	80.74	44
成都市	80.50	45
马鞍山市	80.31	46
通化市	80.16	47
郑州市	80.12	48
抚顺市	79.32	49
合肥市	78.71	50

续表 3-8

城市	工业旅游发展环境	排名
汕头市	78.71	51
安阳市	78.09	52
齐齐哈尔市	77.72	53
福州市	77.72	54
鞍山市	77.60	55
兰州市	76.89	56
安庆市	76.83	57
阜新市	76.68	58
哈尔滨市	76.52	59
石家庄市	76.49	60
本溪市	76.12	61
济南市	76.12	62
大连市	76.00	63
乐山市	75.90	64
南通市	75.58	65
连云港市	75.29	66
南昌市	75.26	67
十堰市	75.26	68
玉溪市	75.26	69
承德市	74.98	70
攀枝花市	74.52	71
玉门市	74.41	72
秦皇岛市	73.60	73
南宁市	73.54	74
银川市	73.54	75

续表 3-8

城市	工业旅游发展环境	排名
徐州市	73.45	76
黄山市	73.17	77
新乡市	72.80	78
扬州市	72.68	79
嘉兴市	72.68	80
郴州市	72.06	81
石嘴山市	71.69	82
嘉峪关市	71.20	83
呼和浩特市	71.08	84
芜湖市	70.95	85
咸阳市	70.34	86
烟台市	70.22	87
宝鸡市	69.60	88
衡水市	69.35	89
湘潭市	69.35	90
长治市	69.23	91
锦州市	68.62	92
金华市	68.49	93
衡阳市	68.49	94
亳州市	68.25	95
湖州市	67.63	96
渭南市	67.63	97
济宁市	67.51	98
九江市	67.14	99
许昌市	67.14	100

表3-9 生态文明显示度竞争力指数表(前100名)

城市	生态文明显示度	排名
深圳市	100.00	1
北京市	98.81	2
广州市	96.76	3
上海市	95.63	4
杭州市	94.00	5
青岛市	93.85	6
长春市	92.88	7
唐山市	92.38	8
重庆市	91.90	9
黄石市	91.35	10
厦门市	90.97	11
武汉市	90.21	12
佛山市	89.51	13
洛阳市	89.18	14
太原市	89.08	15
成都市	88.55	16
景德镇市	88.18	17
天津市	88.12	18
沈阳市	88.02	19
大同市	86.96	20
南京市	85.89	21
宁波市	85.54	22
泸州市	85.49	23
无锡市	85.35	24
柳州市	85.26	25

续表 3-9

城市	生态文明显示度	排名
株洲市	85.09	26
大庆市	85.09	27
西安市	84.08	28
泉州市	83.94	29
自贡市	83.93	30
绵阳市	83.70	31
包头市	83.27	32
遵义市	83.15	33
酒泉市	83.14	34
铜陵市	82.93	35
宜昌市	82.73	36
苏州市	82.71	37
萍乡市	82.51	38
昆明市	81.27	39
温州市	81.20	40
克拉玛依市	80.33	41
鄂尔多斯市	80.06	42
通化市	79.62	43
安阳市	79.61	44
徐州市	79.53	45
大连市	79.37	46
呼和浩特市	79.37	47
哈尔滨市	79.28	48
吉林市	79.21	49
连云港市	79.07	50

续表 3-9

城市	生态文明显示度	排名
九江市	79.06	51
南昌市	78.43	52
合肥市	78.17	53
银川市	78.16	54
郑州市	78.15	55
新乡市	77.87	56
承德市	77.76	57
汕头市	77.72	58
南宁市	77.64	59
长沙市	77.57	60
嘉峪关市	77.39	61
扬州市	76.67	62
济南市	76.58	63
湖州市	76.49	64
乌鲁木齐市	76.45	65
齐齐哈尔市	76.40	66
宝鸡市	76.36	67
石家庄市	76.35	68
本溪市	76.30	69
秦皇岛市	76.22	70
黄山市	76.18	71
马鞍山市	76.07	72
鞍山市	75.92	73
阜新市	75.91	74
福州市	75.91	75

续表 3-9

城市	生态文明显示度	排名
十堰市	75.79	76
邢台市	75.77	77
兰州市	75.76	78
烟台市	75.52	79
玉门市	75.28	80
芜湖市	75.17	81
郴州市	74.71	82
攀枝花市	74.48	83
抚顺市	74.41	84
嘉兴市	74.19	85
台州市	74.18	86
济宁市	74.12	87
金华市	74.11	88
乐山市	74.06	89
安庆市	74.06	89
南通市	74.00	91
许昌市	73.95	92
衡阳市	73.93	93
玉溪市	73.64	94
鸡西市	73.56	95
长治市	73.51	96
湘潭市	73.50	97
石嘴山市	73.48	98
锦州市	73.36	99
咸阳市	73.28	100

二、结果分析

(一)综合分析

根据评估结果可知,中国城市工业旅游综合竞争力指数平均值为 77.22、中位数为 76.13,说明多数城市工业旅游竞争力不强,且城市间工业旅游竞争力差异较大。城市工业旅游综合竞争力十强为北京市、上海市、深圳市、广州市、青岛市、长春市、重庆市、唐山市、黄石市、杭州市。从中国城市工业旅游综合竞争力空间特征来看,综合竞争力较强的城市主要分布在各省省会及主要工业城市,且东部地区城市较多。尽管东部地区的工业旅游资源相比于中西部地区并没有明显优势,但是东部地区发达的经济、良好的人力资源以及较成熟的工业旅游市场极大地促进了东部地区工业旅游发展,使得东部地区的城市工业旅游综合竞争力明显高于中西部。

(二)分维度分析

1. 区位与交通快速便捷性条件分析

表3-3为中国城市工业旅游发展的区位与交通快速便捷性条件评价结果,这一维度是从区位与交通快速便捷性两方面进行的测度。排名前10位的城市为深圳市、北京市、上海市、广州市、苏州市、杭州市、武汉市、南京市、青岛市和沈阳市。相对于综合竞争力得分,深圳市在区位与交通快速便捷性条件方面优于北京市,而综合竞争力得分不在前10名的城市包括苏州市、武汉市、南京市和沈阳市,他们在区位与交通快速便捷性条件这个维度发展较好,可见这些城市的区位交通方面具有优势。尤其是南京市和苏州市,南京市在综合评价排名中排名第21位,但是在区位与交通快速便捷性条件维度排名第8位,苏州市在综合评价排名中排名42位,但是在区位与交通快速便捷性条件维度排名第5位,可见南京市和苏州市具有良好的地

理位置与交通条件。区位与交通快速便捷性条件是城市发展工业旅游的基础条件,工业旅游发展需要良好的交通条件做支撑。

2. 旅游经济发展质量与效益分析

表3-4为中国城市工业旅游发展的旅游经济发展质量与效益评价结果,这一维度是从旅游年接待人数和旅游收入水平两个方面进行评价的。在旅游经济发展质量与效益维度中排名前10位的城市包括北京市、上海市、青岛市、杭州市、深圳市、广州市、长春市、重庆市、成都市和武汉市。相对于综合评价竞争力排名而言,成都市和武汉市综合评价竞争力排名不在前10名,可见成都市和武汉市的旅游经济发展质量与效益较好。旅游经济发展质量与效益同这个城市的旅游业的服务水平、宣传力度以及管理政策等有很大的关系。旅游经济发展质量与效益较好的城市多分布在我国的省会城市以及一些经济发展较好的旅游城市。具有较高旅游经济发展水平的城市可以提高城市旅游知名度,同时带动城市的工业旅游共同发展,提高城市的工业旅游综合竞争力。

3. 工业经济发展质量与效益分析

表3-5为中国城市工业旅游发展的工业经济发展质量与效益评价结果,这一维度是从工业总产值、工业生产总值占GDP比重和规模以上工业增加值占工业总产值的比重三个方面进行评价的。在工业经济发展质量与效益维度中排名前10位的城市包括北京市、上海市、青岛市、广州市、深圳市、长春市、重庆市、武汉市、厦门市和黄石市。相对于综合评价竞争力排名而言,厦门市和武汉市综合评价竞争力排名在前10名,可见厦门市和武汉市的工业经济发展质量与效益较好。尤其是厦门市,在综合评价中排名第17位,在工业经济发展质量与效益维度排名第9位,可见它的工业经济发展良好。工业经济发展质量与效益同这个城市的工业发展水平有很大的关系,一个城市工业经济发展质量与效益决定了它是否具备发展工业旅游的能力。因而工业是工业旅游城市经济发展的支柱型产业,需要加强对工业

经济发展的重视。工业经济发展是工业旅游发展的支撑,我国大部分城市已经进入了工业发展中后期阶段,城市工业旅游发展不仅是一些老工业城市转型的契机,也是在新兴经济体制下一些城市避免走先工业污染、后环境治理的发展老路。在具有一定工业经济基础上,合理利用工业旅游资源,提高工业经济发展质量与它所带来的经济、社会与环境效益。如我国的唐山市、青岛市、黄石市等工业城市,在发展自身工业经济的基础上,同步发展工业旅游,形成了如开滦国家矿山公园、唐山启新水泥工业博物馆暨1889文化创意产业园、青岛啤酒厂、青岛海尔工业园、黄石国家矿山公园、大冶铁矿主园区等国家级工业旅游示范点。

4. 工业旅游资源及潜力

表3-6为中国城市工业旅游发展的工业旅游资源及潜力评价结果,这一维度是从独特性与历史文化价值、科学教育价值和休闲娱乐与旅游价值三个方面进行的评价。在工业旅游资源及潜力维度中排名前10位的城市包括北京市、上海市、沈阳市、深圳市、长春市、青岛市、重庆市、天津市、黄石市和太原市。相对于综合评价竞争力排名而言,沈阳市、天津市和太原市综合评价竞争力都不在前10名,可见沈阳市、天津市和太原市的工业旅游资源及潜力较大。工业旅游资源及潜力是一个城市发展工业旅游的前提和基础,丰富的工业旅游资源可以打造出良好的工业旅游城市。工业旅游资源丰富、潜力较大的城市多分布在我国的工业城市以及经济发展水平较高的城市,这些城市合理利用了当地工业旅游资源,形成了具有独特性与历史文化价值、科学教育价值、休闲娱乐与旅游价值的工业旅游资源体系。

5. 工业旅游发展现状

表3-7为中国城市工业旅游发展的工业旅游发展现状评价结果,这一维度是从工业旅游景点建设、工业旅游示范效应、工业旅游经济发展情况和城市旅游形象与知名度四个方面进行的评价。在工业旅游发展现状维度排名前10位的城市包括北京市、上海市、深圳市、长春市、沈阳市、广州市、青

岛市、唐山市、铜陵市和黄石市。总体看工业旅游发展现状良好的城市较少,因为我国城市工业旅游发展还处于初级阶段,很多城市拥有丰富的工业旅游资源与经济支撑条件,但在工业旅游发展方面并没有取得显著成就,表现出我国城市工业旅游总体不够成熟的特点。

6. 工业旅游发展环境

表3-8为中国城市工业旅游发展的工业旅游发展环境评价结果,这一维度是从政府出台的支持文件、地方工业旅游发展规划和工业旅游投资环境三个方面进行的评价。在工业旅游发展环境维度排名前10位的城市包括上海市、北京市、广州市、长春市、深圳市、青岛市、唐山市、黄石市、杭州市和重庆市。这一维度的前10名与综合评价前10名比较一致,表明工业旅游发展环境对综合竞争力影响大。工业旅游发展环境是未来企业发展与投资工业旅游的主要决策依据,地方政府对工业旅游的政策支持不仅鼓励了当地工业旅游的发展,也促进了企业的转型与当地投资环境。现阶段工业旅游发展环境较好的城市依然多分布在我国一些经济发展较高的一二线城市。合理开发利用工业旅游资源、支持知名工业企业发展工业旅游是城市工业旅游发展的重要措施。

7. 生态文明显示度

表3-9为中国城市工业旅游发展的生态文明显示度评价结果,这一维度是从城市建设区绿化覆盖面积、人均绿地面积和人居环境三个方面进行的评价。在生态文明显示度这一维度排名前10位的城市包括深圳市、北京市、广州市、上海市、杭州市、青岛市、长春市、唐山市、重庆市和黄石市。这一维度的前10名与综合评价前10名也比较一致,表明这些城市的生态文明显示度对综合竞争力影响较大。生态文明建设是一个城市可持续发展的基础,也是城市工业旅游持续发展的基础。城市工业旅游不仅可以提高企业的多样化、持续发展能力,还可以提高城市的知名度,同时带来经济效益、社会效益与环境效益。良好的生态文明建设环境是城市发展工业旅

游的重要保障。在我国工业旅游竞争力百强城市中,生态文明显示度较高的城市大多分布在东部沿海城市与省会城市。这些城市绿色发展与生态文明建设意识强,认识到生态文明建设与工业旅游发展是相辅相成、相互促进的。

第四章

启示与借鉴：国内外工业旅游发展实践与经验

第一节 国外工业旅游发展经验评介与启示

一、典型国家和地区工业旅游发展经验评介

(一)德国——以鲁尔区为例

1. 发展状况

德国工业旅游最早出现于20世纪50年代，当时奔驰等汽车公司为了让消费者对汽车的质量有更好的认识，率先让消费者免费参观汽车装配现场。而工业旅游真正在德国兴起是在20世纪80年代早期，许多工业企业改变了发展模式，工厂不再作为生产场所，而是作为旅游资源开发利用。如今在德国以工业旅游为目的的项目已经覆盖了各个经济领域，其接待的游客数达到了旅游总人数的1/3。

在20世纪60年代到70年代的十年时间里，曾经的德国工业中心——鲁尔区的经济状况发生了巨大变化，由繁荣走向衰退。其中以煤炭和钢铁

工业表现最为严重,煤矿关闭、冶炼厂停产导致失业人数激增。导致此次危机的根本原因是经济结构单一,主要以采煤、钢铁、煤化工、重型机械为主。为了解除危机,鲁尔区改变策略,由单一经济结构向多样化、综合化方向发展,其中就包括挖掘老工业基地特有的工业旅游资源。通过对矿区的改造美化、环境的保护以及工业旅游路线的开辟,工业旅游的迅速发展给老工业基地带来第二次生命。

鲁尔区工业旅游线路具体是从1999年开始实施的。线路设计覆盖了全区主要工业景点,包括典型的工业遗产旅游项目19个,反映以往工业技术和社会发展历史的博物馆6个,反映工业文明的聚落12个以及望塔9个等,具有著名的"工业遗产旅游之路"的称号。为使工业旅游的影响面得以扩大,各城市针对其景点设立了专门的管理机构,并配备游客信息中心,通过网站和设计一系列形象对本区域的工业旅游进行大力宣传,让人们了解工业旅游、走进工业旅游、感受工业旅游。联合国教科文组织将鲁尔区评定为世界第一个以近代工业旅游为主题的世界文化遗产。同时,该区也被列为德国工业文化之旅的旅游重镇。现代化的影院、剧院及各种文化艺术场馆都是来自于废弃的厂房,周边的烟囱、矿井、高炉、起重机加之草坪、湖泊,完美地融合了现代工业气息与历史文化气息。大众和奔驰汽车公司都有游览线,供游客亲身体验汽车制造、组装及感受汽车工人的日常生活。

鲁尔区工业遗产旅游开发充分利用了现有资源,实现了变废为宝,节省了大量资金。众多因为产业结构调整而失去原来工作的工人,因为鲁尔区周围环境的保护和改造,再次找到了新工作,实现了再就业。这种改造不仅带来了区域经济转型的成功,同时促进了地区经济的综合协调发展,更提升了城市居民的福利、改善了生活质量。

2. 经验评介

鲁尔区作为基于工业遗产开发来发展工业旅游的典范,其成功经验在于:

其一,充分开发工业遗产资源。在逆工业化的过程中,鲁尔区开始反思自身局限性，对区域资源进行创新性挖掘及二次利用，其中以工业遗产旅游资源的开发为重中之重。工业旅游不是"工业"与"旅游"两个词组的简单结合，而是两种产业结构的融合，是把能够反映技术、经济甚至社会发展历史的工业遗迹的魅力渗透到旅游的诸要素中，也就是以旅游的形式向人们展示工业文明。鲁尔区利用工业文化遗产满足了多数旅游者对其更加形象化的要求，吸引了大量游客。因此把富有特色的工业文化与舒适的旅游环境相结合，最终实现工业旅游地、工业遗迹形象的转变，这是发展工业旅游的重点。

其二，合理的规划设计。要想实现工业文化与旅游成功结合，前提是进行合理的规划设计。鲁尔区从废弃的老钢铁厂房到露天博物馆的改造，发展到今天的工业遗产旅游景点，很大程度上得益于众所周知的埃姆歇公园国际建筑展计划（International Building Exhibition，IBA）。该计划是1989年由德国北莱茵—威斯特法伦州政府策划并制订的一个多目标的区域综合整治与振兴计划，持续10年。该计划在系统地考虑了鲁尔区的自然生态环境与旧工业建筑和废弃地状态的前提下，还考虑到了当地工业结构转型、废地旧物的改造和再利用，以期达到恢复健康环境的目的，拯救和复兴了老工业基地。

其三，多元化的发展模式。目前，鲁尔区的工业旅游开发模式将许多与旅游业看似无关但又有联系的元素渗透到工业旅游中，打破了传统的单一的游览参观工业景观模式的局限性，具体表现为以博物馆模式、景观公园休闲模式、购物旅游结合模式以及会展模式为主，使得鲁尔区在工业遗产旅游开发方面形成了独具特色又多元化发展的格局。多元化的发展模式既包含了鲁尔区工业发展的历史风貌，又为人们提供了适宜的文化娱乐购物平台，满足了不同人群的需要，大幅度地提升了鲁尔区的影响力与吸引力，也增加了旅游者的重游率。

（二）英国——以伯明翰为例

1. 发展状况

英国是人类第一次工业革命的发源地，是工业旅游发展的先驱国家。人们对于工业革命的那段历史极为好奇，当时的很多工业企业和老旧的生产资料不断成为参观和研究的对象。20世纪五六十年代，英国进入到动荡转型的后工业时代，制造业在国民经济中的重要性程度下降，因此企业大规模倒闭。在此之后，英国提出了对后工业时代遗留下来的工业遗产进行保护的策略。20世纪80年代，英国逐步开始了对工业遗产的再利用和旅游方面用途的开发，其中对工业革命诞生地的铁桥峡谷（Ironbridge Gorge）遗产的开发于1986年11月被联合国教科文组织（UNISCO）正式列入世界自然与文化遗产名录。同时，人们对当时代表先进生产技术的各种工厂的参观、游览也逐步流行起来。到20世纪90年代，工业旅游在英国已形成非常成熟和稳定的发展格局，并逐步成为了英国旅游业中发展最快的一种旅游形式。

伯明翰是仅次于伦敦的英国第二大国际化城市和主要工商业区之一，地处英格兰中部，交通发达，面积和人口仅次于伦敦，是"英格兰的大心脏"城市。17世纪，英国工业革命开始时，由于具备丰富的矿产资源，如煤、铁，伯明翰迅速发展为世界最大的金属加工区和机械制造工业区，同时凭借出色的铁路机车、蒸汽机和船舶制造工业，享有"工业革命的摇篮"和"世界工厂"的美誉。进入20世纪，伯明翰的经济受到煤、铁资源枯竭和世界工业生产地区和专业改变的影响，开始走向衰落。除此之外，长达半个世纪的重工业发展在带来繁荣和工业文明的历史积淀的同时也严重地影响了当地的环境。

为了应对危机，伯明翰市政府在20世纪70年代制定了一系列城市转型规划，发展工业旅游。改造城市运河，运河两岸原先的工厂仓库和车间在保留历史痕迹的基础上改造成了让人们感受艺术、享受音乐、放松休闲的场所，由此形成了综合一体化的工业旅游体系。"影子"工厂是一座历史悠久的工厂,二战前被用于军用发动机生产,二战期间被称为英国政府的"影子"工厂,生产坦克和军用飞机发动机;二战后,为重建英国经济,它再一次走上了历史舞台,成为一个全新品牌的摇篮。捷豹、路虎体验中心工厂常年向大众开放,游客亲自体验,探索越野的激情,同时可以在此处定制专属的车型。吉百利巧克力世界则通过图片、视频、电子动画、多感官电影、交互式显示屏等让游客了解巧克力的历史,观赏各种形状的巧克力以及品尝美味的巧克力,了解吉百利的品牌故事,还能探索巧克力的生产制作过程。据2016年统计数据显示,伯明翰每年接待大约2 200万游客,商业中心繁华程度仅次于伦敦西区,伯明翰已成为英国第四大最受外国旅客欢迎的城市。

2. 经验评介

伯明翰作为基于工业城市转型来发展工业旅游的典范,其成功经验在于:

其一,保留历史遗产,衍生工业旅游。伯明翰在城市规划中充分考虑到历史遗迹在人类社会发展中的地位以及对城市的代表意义,在保护历史遗迹的同时兼顾实用性,保护性地改造工业革命遗留下来的衰败和贫困地区,展示工业机器、生产设备等,吸引游客来此探寻工业革命之谜。遗失很久的18世纪街名因为改造和重建又重新回到人们的视线,使人们了解和缅怀那段历史。老穆尔街火车站因为改造又重新启用,周边的社区居民也因为工业旅游的发展找到了就业机会,提高了家庭收入。节约的资金还可以再用来投资其他事业建设,此次转型也为发展现代工业旅游奠定了基础。

其二,挖掘文化资源,推动工业旅游。工业遗产蕴含着不同时代、不同人群的不同文化,这些文化依托废弃的工厂遗址和建筑而传承、留存下来,因此人们通过工业旅游去参观游览的工业遗址必须要在满足怀旧情结的基础之上,创造性地加入现代的艺术形式,经过再创作打造为集景观、休闲、娱乐、文创等多种功能于一体的工业文化区。在伯明翰的实践中,不仅重视对传统历史文化的保留和传承,工业旅游景点还讲述着工业革命发展史;同时,在古老的街道和废旧的工厂区建立音乐厅、画廊、展馆等,文化创意产业也得到了发展。由此可见,要想使工业旅游城市具有更大的吸引力,就要加入工业旅游的历史厚重感以及现代激情。

其三,绿色环保为先,保障工业旅游。伯明翰这一环境严重污染的重工业城市通过改造和优化逐渐吸引了更多以工业旅游为目的的游客。曾经由于制造业的大力发展,污染物大量排放,直接导致了运河水质的破坏,繁荣之后的衰退又直接造成了运河两岸景象的破败萧条。而工业旅游概念的提出,促使伯明翰地区对运河水质进行净化,对运河周边相关系统进行改造,开发依托水路的旅游和休闲项目,使工业旅游得以迅速发展,又成为组织和发展其他活动的基础。环境得到了极大的优化提升,游客从此纷至沓来。因此,工业旅游得以发展并使之持续的关键在于对城市环境的保护与提升。

(三)美国——以波音公司为例

1. 发展状况

美国作为世界工业强国,其工业旅游起步较早,发展的形式多种多样,不同类型的工业旅游项目具备各自鲜明的特征。波音公司创建于1916年,发展至今不仅在技术方面成为全球航空航天业的领袖,在工业旅游方面也是美国公司中的强者。波音公司自从面向普通游客开设了波音之旅(Boeing Tour),吸引了来西雅图旅游的大部分游客。亲自体验波音公司新型客机的制造过程,这已经成为了西雅图的一个标志性旅游项目。波音公司安排引导人员将游客带到波音747-8型的生产车间,让游客观看机身、机翼、发动机的组装过程,让游客了解整机测试、脉动式装配等先进技术,使游客获得相关科普知识。同时,在波音777和波音787的生产线配备了三维CAD技术,让游客在了解数字化技术设计如何运用于飞机的同时也感受未来飞机的设计理念。波音公司官网也将工业旅游作为公司网站的一项重要内容。波音公司正式启动旅游是在1968年,当时该公司生产出世界上首架喷气式商用客机波音747后,一年内接纳了来自全球各地的近4万名游客。为了更好地实现工业旅游,波音公司在20世纪80年代早期,开始组建旅游中心。2005年,波音公司对未来飞行中心进行改建,并与制造厂一起作为新的一体化旅游产品。2016年有近32万名游客前去参观,覆盖了全球185个国家,而从旅游计划实施开始至2016年10月,波音公司已接待500万名游客。因此,工业旅游已成为波音公司对外宣传、推广公司文化、提升品牌形象的一个重要平台。

2. 经验评介

美国波音公司作为以企业为主体来发展工业旅游的典范,其成功经验在于:

其一,高科技促进工业旅游产品更新。随着社会经济水平的不断提高,社会财富的分配形式和分配比例将不断变化,人们的生产生活方式由于科学技术不断进步也将不断变化,这使得人们对于工业旅游产品的需求发生改变。高新技术产业代替传统产业而成为主流,人们对科技的求索欲望、对新兴产业及商品的好奇促使旅游者前往集聚着高新技术的制造业企业去一探究竟。波音公司正是利用了游客的需求,顺应时代的变化以及产品的更新换代节奏,不断打造富有知识性、参与性、趣味性的工业旅游项目,在宣传企业文化的同时进行产品营销。

其二,游客体验提升工业旅游活力。企业资源转化为工业旅游资源过程中,对特色资源的创意利用、高新技术应用和体验项目设计是推进体验型工业旅游发展的重要方式。企业的场所氛围,利用高新技术进行展示和体验设计,工业旅游过程中带来的多重感官体验,众多在场游客共同建构的工业文化体验,构成了以美国波音公司工业旅游业态的核心内容,它们有助于提升体验水平和旅游感受,丰富游客的身心收获,提高旅游满意度。这有助于加速塑造其工业旅游形象,打造工业旅游品牌。

其三,企业营销与工业旅游相辅相成。由于需求多样化带来的产品市场竞争不断加剧,企业在追求盈利之外,更加重视的是通过各种形式来展示其先进的管理水平和科学的企业文化,因此,开展工业旅游就成了企业为了达到宣传企业品牌的最终目标而采取的重要手段。波音公司选择工业旅游作为宣传自己品牌的重要手段,将波音的历史和企业的管理推介给游客,成功地获得了很好的声誉,且百年不衰。因此,以工业企业为主体来发展工业旅游,理应做到靠工业旅游来进行营销,同时靠企业的文化和知名产品来促进工业旅游,以此相辅相成,共同发展。

二、典型国家和地区工业旅游发展启示

(一)突出工业文化底蕴

伴随实物形式工业遗迹留下来的极富特色的工业文化历史,怀旧一直是英、德等欧洲国家发展工业旅游的一个重要主题。同样,我国的工业化进程十分富有特色,可以作为旅游开发的亮点。在怀旧已经成为21世纪旅游业最重要的潜在资源的情况下,可利用我国计划经济条件下发展的历史,将它作为一段有着特殊意义的回忆,融入到工业旅游项目之中,增加项目对国内游客的吸引力。同时也会让国外游客对这种只有中国才具有的特色社会主义工业化的历史产生浓厚的兴趣。把工业中不同行业所特有的历史和文化带入到旅游的诸多要素之中,使工业资源与旅游资源相互融合并有机结合,将地区或企业的资源优势转化为经济收入,为旅游产业带来新的发展契机与活力。

(二)多元化、差异化开发工业旅游资源

不同地区工业旅游资源存在明显差异,因此开发旅游产品应当注意到工业旅游项目主体资源市场范围不一,项目开发的投资及用地规模不同,由于各地区经济社会发展状况的差异开发动机也会不同(有出于对文化遗产保护的目的,也有出于增加收入的目的),因此开展工业旅游项目的类型应当做到多样化、差异化。我国工业旅游发展不仅要借鉴成功的经验,更要强调特色,要因地、因工业状况制定切合实际的发展战略,而不是追求整齐划一,照搬照抄,更不能为了片面求新、求异,脱离发展实际情况。

(三)注重环境保护与可持续发展

在发展过程中不可避免地会遇到旅游开发与生态环境相冲突的情况。在开发工业旅游项目之前,应当召集专业部门对区域内的环境进行评估、制定可行性方案并针对保护与可持续发展制作出详细规划,谨慎地避免因开发工业旅游项目对环境的二次破坏。开展工业旅游应该坚持三步走:首先,政府应该出台配套政策,加大环保宣传力度,提高人们的环保意识;其次,政府应该在工业旅游开发过程中起到监督作用,不能为了追求经济效益破坏生态环境,同时应提供用于维护生态环境的财政支持,力争做到人与自然和谐相处;最后,如果不可避免地造成环境破坏,政府及企业团体应主动承担责任,最大程度地进行修复处理。力争在进行经济开发的同时兼顾环境与生态的保护,保证发展的可持续性。

第二节 国内工业旅游发展经验评介与启示

一、典型城市工业旅游发展经验评介

(一)上海市

1. 发展状况

上海市是近现代中国工业的中心,发展历史较长,目前已经形成以汽车制造、电子及通讯设备、钢铁和化工等行业为支柱的工业体系。其工业遗产资源丰富,经过保护性的开发开放给广大感兴趣的游客参观的潜力巨大。这些工业旅游资源不仅蕴含着丰富的工业文化,而且也能为新兴产业及休

闲旅游产业的发展提供动力与空间。正在运行中的工业企业资源也可以学习此创意,开放生产空间,丰富旅游资源和产品,在推进工业旅游产业发展的同时也塑造和提升了企业品牌形象。工业旅游已经成为推动上海工业和旅游业有机结合与深度融合的重要力量。

上海市工业旅游从提出到现在的蓬勃发展经历了三个重要环节。在酝酿阶段(1978—1997年),上海市将旅游作为国民经济发展和创汇的重要部分,在政府倡导发展工业旅游事业的前提下,出现了一些非正式的工业观光活动,此时的旅游资源还未得到清晰的认识和界定,工业旅游政策或发展计划尚未萌芽。在起步阶段(1997—2005年),工业旅游资源主要被界定为大型工业企业,如上海宝钢集团等;工业旅游业态较为单一,主要以工业企业体验型为主;工业旅游项目治理主要以企业主体自主散乱式经营,政府部门有所支持,如出台的《关于本市旅游业发展三年(2003—2005)行动计划》中提及了工业旅游;2001年上海工业旅游游客量达到30余万人次,2003年收入超过200万元。从2005年至今,是上海工业旅游快速发展阶段,工业旅游资源被界定为工业遗产、现代工业园区及各类工业企业等;工业旅游业态丰富,文脉型(工业遗产再生形成的创意产业集聚区)、体验型(工业企业、现代化工业园、地标建筑等)、文脉体验交互型(行业博物馆等)均快速发展;工业旅游治理形成了政府部门、促进机构、企业等治理主体协作管理模式;2014年上海工业旅游游客量达到1488万人,收入超过10亿元。

目前上海工业旅游发展类型可归纳为五种。工业园区型——上海在大力建设工业园区的同时,也开发出了诸如上海外高桥保税区、张江高科技园区以及金桥出口加工区等多个工业园区型旅游景点。博物馆型——上海充分利用丰富的工业资源创建近40家各类工业旅游博物馆,在全国处于领先水平。创意园区型——上海从1999年尝试改建旧仓库及厂房为创意产业,第一批建成的创意产业区包括著名的田子坊、同乐坊、上海卢湾"8号桥"、时尚产业园、传媒文化园、M50等,随后又建成第一视觉创意广场、创智天地、上海城市雕塑艺术中心等多个创意产业园区。独特的建筑风格和历史底蕴集中体现了很高的艺术价值和经济价值,全新的设计和巧妙的艺术形式赋予了该模式极大的吸引力。景观型——上海150多年的工业发展史丰富了工业遗产资源,如杨浦工业带、外滩历史建筑等。经过改造过时或废弃的建筑物(加工车间、磨坊、矿山),展示机械以及制作技术,完善基础交通设施,绿化周围环境,使之变为景观公园。工业企业型——该模式是目前上海工业旅游发展的主要模式,部分居于行业领先地位的工业企业都较早地涉足工业旅游产业,并获得可观的效益,如宝钢集团、上海大众汽车有限公司、元祖梦果子有限公司、益力多乳品有限公司等。

2. 经验评介

上海作为有效整合工业旅游资源的典范城市,其成功经验在于:

其一,政府主导推动工业旅游逐步发展。2003年,上海市计划生育委员会、市旅游发展委员会明确指出上海未来旅游业的发展方向要发生改变,要以工业旅游为主,并在宝钢以及汽车等相关工业基地进行试点,构建都市型工业旅游示范区,努力拓展都市工业游的范围。2006年,上海市旅游事业管理委员会进一步提出集中力量建设一批国家级工农业旅游示范点,上海印钞厂、建国中路"8号桥"创意园区等新产品相继推出。为了给工业旅游提供进一步的科学指导,上海政府又出台了《上海市工业旅游"十一五"规划》《上海市工业旅游"十二五"发展规划》《上海市2009—2011年工业旅游发展三年行动计划》等发展计划及《上海市工业旅游景点服务质量标准》。2006年及其随后的三年间,上海工业旅游中心加大了对工业旅游的宣传,连续推出"上海工业旅游年票"。政府政策的引导为上海工业旅游树立了良好的形象,为规范上海工业旅游服务质量提供了有效的保障,促进了上海工业旅游快速、有序、高效的发展。

其二,发展模式创新促进工业旅游与常规旅游良性互动。上海市深入挖掘现有资源和历史遗留工业资源的潜力并突出资源的特色,努力打造精品的工业旅游模式,不断给工业旅游项目带来发展新动力。根据上海市工业旅游资源的实际情况和企业园区自身的优势,形成了工业园区型、博物馆型、创意园区型、景观型以及工业企业型五种发展模式。工业旅游与常规旅游不是对立的,二者之间存在互利效应,将二者结合,取长补短,就可以实现常规旅游带动工业旅游,工业旅游提升常规旅游的良性循环。

其三,企业经营理念的改变提升工业旅游市场地位。上海大多数开展工业旅游的企业在最初并不能完全正确理解工业旅游的目的和意义,甚至低估工业旅游的价值。随着工业旅游的发展,企业的经营理念已经开始认同工业旅游带来的巨大效益,这个效益并不单纯的只是旅游获得的门票收入,而是通过工业旅游带来的品牌与企业理念的传播效应,扩大自身产品以及衍生商品的销售额及影响力,挖掘潜在客户以及扩大市场信息获取渠道。企业经营理念的改变,来自于政府相关部门着力宣传工业旅游的重大意义,使其变被动为主动,企业经营主营业务的同时,将工业旅游塑造成其新的效益增长点。

(二)青岛市

1. 发展状况

青岛市以其特殊的自然景观和丰富的历史文化成为了我国著名的旅游城市。随着工业旅游的提出,青岛的很多著名企业如海尔集团、青岛啤酒股份有限公司、青岛港等近年来打造了富有特色的工业旅游产品,吸引了大批游客前去参观。其中青岛啤酒股份有限公司、海尔集团成功入选2016年国家旅游局发布的首批国家工业旅游创新单位。青岛市共有国家级工业旅游示范点8处、省级工业旅游示范点14处、市级工业旅游示范点3处。2015年青岛市各类工业旅游项目接待国内外游客达1 200万人次。

青岛啤酒百年老厂房通过部分改建,形成了国内唯一的啤酒博物馆,展出面积达到6 000余平方米。博物馆主要展现青岛啤酒的百年历程及工艺流程,使前来参观的游客可以在这里了解中国啤酒工业及青岛啤酒的发展史。除了展出百年前的历史,青岛啤酒博物馆还融入了非常多的高科技元素,让游客直观清晰地了解百年前的啤酒酿造技术。随着工业旅游多年发展经验的积累与创新,青岛啤酒博物馆已经成为国内工业旅游项目的典范。

除了去青岛啤酒博物馆参观，游客还有多重选择。如青岛邮电博物馆，它来自于对1901年建成的胶澳德国邮局旧址的改造，在此可以欣赏老式的德国建筑，科普邮电发展方面相关知识，还可进行爱国主义教育；青岛"纺织谷"，它来自于对原国棉五厂旧址的改造，向人们展现20世纪30年代建筑群，将纺织文化融入到现代的艺术时尚并结合高科技打造了3D展厅；青岛道路交通博物馆，它坐落于中国最早的汽车站遗址——馆陶路汽车站，占地面积达4100平方米，集餐饮（TSINGTAO1910餐厅）、住宿（欧洲旅社）、主题汽车站、交运1910创客驿站于一体，为游客"游在道博、吃在道博、住在道博"提供了非常便利的条件；亨达工业旅游区，是亨达研发、生产的主要基地，中华民族的传统文化与现代制造业的智能化、个性化在这里实现了深度融合。

青岛于1891年由清政府建置，至今已有一百多年的历史。工业的发展见证了这座城市的繁荣和成长，百年后遗留下来的丰富的工业遗产资源又再次奠定了青岛工业旅游的坚实基础。而对于青岛这座城市而言，各具特色的工业旅游项目已经成为城市的宣传海报和个性名片，对于城市影响力的迅速扩大、城市整体形象的快速提升起到了至关重要的作用。

2. 经验评介

工业旅游的兴起，正在使名牌工业产品优势延伸为整个青岛城市的品牌优势，它的成功经验在于：

其一，将传统工业旅游资源与新兴旅游业态有机融合。除了青岛啤酒博物馆，青岛很多企业都在传统的旅游项目基础之上，融合了有创意的、吸引人的新内容。青岛邮电博物馆来自于对胶澳德国邮局旧址的改造，在原有工业遗产的基础之上配以老式建筑群形象，并加之爱国主义教育内容，使该旅游景点的功能多样化，吸引不同需求层次的游客前来参观。青岛"纺织谷"在原国棉五厂旧址上重建后迸发出新的激情，20世纪初的建筑群充满着浓厚的历史感，纺织文化与教育完美结合，以艺术形式向参观游客展示科技的魅力。多种游览和体验方式结合，可以给游客更好的游览感受，提升重游率。

其二，将文化内涵注入工业旅游项目。海尔工业园是国内较早开发的工业旅游景点之一,通过海尔文化展和创新生活展,从两个方面充分地展示了企业艰辛的发展历程,让参观者见识到企业管理的规范化、人性化以及企业思维的创新化,体会到浓厚的海尔文化氛围。近几年,针对不同参观者的需求,海尔还提出了具有"交互"特色的旅游项目,通过文化讲座、交流会的方式探讨战略规划以及文化建设,传播自身理念的同时也会吸收参观者的优秀创意,加强企业与参观者之间的联系。只有具备了文化底蕴的工业旅游项目才不是空洞的,才是有生命的,才能增强对游客的吸引力。

其三,借助新技术制造富有时代科技感的工业旅游体验。作为著名的服装企业,青岛红领集团打造了全球首个服装个性化定制平台,世界级大师的设计理念及工艺与互联网、物联网等信息技术的充分结合,为消费者提供从设计到搭配等穿着文化服务的完全解决方案,吸引了众多国内外企业考察学习。青岛明月海藻集团由专注海洋健康产品的开发向全民大健康服务产业进军,又被称为青岛的"海洋之花"。通过现代领先技术,如3D成像、人机互动体验、智能扫描等,带领游客全方位体验海藻生物产品、了解商品生产,同时深入感受海洋文化,从而成为集多种功能于一体的海洋生物产业工业旅游示范点。高新技术不仅能够让工业生产提高效率,同样能够给传统的旅游项目增色不少,从而抓住旅游者的好奇和求知心理。

(三)黄石市

1. 发展状况

湖北省黄石市是近代中国民族工业的摇篮,是青铜文化的发祥地之一,又是钢铁的摇篮,享有水泥故乡、服装之城的美誉。随着资源枯竭以及工业旅游概念的提出,黄石市以五大工业遗址(华新水泥厂遗产、大冶铁厂遗产、源华煤矿遗产、大冶铁矿露天采坑遗产、铜绿山古铜矿遗产)为核心,将刚性的矿冶文化与柔性的生态环境完美结合,着力打造中国最美工业旅游城市。黄石市作为老工业基地,工业旅游资源体系完备,既有3 000多年工业文化沉淀的铜绿山古铜矿遗址,也有近代工业文明的华新水泥、汉冶萍钢铁厂等旧址,还有当前享誉全国的劲牌、新冶钢、三鑫金铜公司等知名企业,并建设了黄石矿博园、黄石地质博物馆等特色场馆。全市现有国家工业旅游示范点1个,湖北省四星级工业旅游景区1家。

黄石市的工业企业具有发展工业旅游的巨大实力。据相关部门统计,截至2016年,黄石市规模以上工业企业达732家,其中有10多家企业满足开发工业旅游活动的条件并且正在执行。劲牌有限公司于2015年8月成为湖北省第一个四星级工业旅游景区。劲牌是全国工业旅游产业的成功典范,为黄石市旅游业和工业的融合及发展点亮了一盏明灯。对游客开放的AAAA级遗址改造景区还包括铜绿山古铜矿遗址以及大冶铁矿露天采坑遗址。国家还为华新水泥厂旧址提供专项资金用于建设改造为水泥博物馆。如果说单一的工业旅游资源令人感到乏味,而自然环境资源让人觉得单调,那么二者的有效结合将吸引旅游爱好者和历史爱好者趋之若鹜。以湖北新冶钢有限公司为例,公司内有当年日本人掠夺汉冶萍见证的日式建筑、瞭望塔、高炉、高炉栈桥等遗址,外有景色壮丽、扼守长江的西塞山,充分地利用了工业资源和自然资源的双优势。以工业资源为核心,融合自然山水资源、宗教资源、乡村旅游资源,多资源相辅相成,走出了一条可持续发展之路。

近几年来,黄石市将刚性的矿冶文化与柔性的生态环境无缝对接,推进铜绿山古铜矿遗址、熊家仙境旅游区、黄石国家矿山公园、世界铁城旅游综合体、登山步道等重点项目建设。"十三五"期间,黄石市将以五大工业遗址为核心,结合以东方山为代表的宗教文化旅游品牌,以仙岛湖为代表的生态休闲度假旅游品牌,以龙凤山为代表的乡村旅游品牌,着力把黄石打造成中国最美的工业旅游城市。

2. 经验评介

黄石市作为资源枯竭转型城市发展工业旅游的典范,它的成功经验在于:

其一,对工业旅游资源的深度挖掘及保护奠定工业旅游发展之根本。黄石市注重对旅游资源的细致发掘及评价,黄石工业旅游资源不仅类型众多,而且年代跨度长,开发价值高,是工业旅游发展的基础。对众多企业或旅游景区拥有的建筑、碑界、渡槽、石刻、水渠、泵站、水闸等多种类型的工业旅游资源进行大力保护;同时,由于黄石市是我国重要的铜矿冶炼和开采基地,其深厚的文化历史底蕴赋予了黄石工业旅游资源别样的特色,黄石市政府通过对旅游资源进行合理开发,让黄石市工业旅游资源的历史价值、社会人文价值、科学技术价值、艺术价值得以保留和体现。

其二,对工业旅游资源有效整合形成了工业旅游的核心竞争力。黄石市整合铜绿山古铜矿遗址、黄石国家矿山公园、汉冶萍高炉、华新旧址、东钢旧址、源华煤矿等工业遗址资源,将其串成线联成片,挖掘内涵提升价值,在历史文化的活化、深度开发上做文章,形成了具有核心竞争力的工业旅游产品。同时,在黄石工业旅游景点中,以工业资源为核心,多种资源(例如自然资源、宗教资源)相结合的形式,形成了"景在厂中""厂即是景"的特色。

其三,政府大力扶持保障工业旅游发展稳步推进。黄石市政府非常重视旅游业的发展,编制了《黄石市工业旅游发展规划(2017—2025)》;在《黄石市"十三五"旅游业发展规划》中明确指出要"打造工业文化旅游品牌",同时开辟"工业文明探寻旅游线路";承办了第二届全国工业旅游现场会议,明确以工业旅游为特色,全力将黄石打造为"中国最美工业旅游城市"。

二、典型城市工业旅游发展启示

(一)加大政府的引导和扶持

中国大多数城市处于发展工业旅游的初期,资源条件匮乏以及资金不充足,导致开展工业旅游困难,能否获益更是不可预知。在这种情况下,民间或者企业难以开启工业旅游,因此必须要依靠政府的主导作用。政府主要应在完善相关政策、鼓励工业企业发展工业旅游、改善城市基础设施等方面发挥作用。制定针对工业旅游的政策法规,从而对工业旅游的发展方向进行引导,同时提升工业旅游行业的标准与规范。向有条件发展工业旅游的企业宣传工业旅游的广告效应,树立良好的品牌形象的作用,指导他们转变经营理念,改造旅游设施及管理模式,同时给予优惠政策与财政补贴。

(二)处理好保护与重建的关系

为使工业旅游项目能够满足不同旅游类型的需求,同时为了美化环境,就不可避免的要对工业遗址进行改造,可能对周边的生态环境有一定程度的改变甚至是破坏,因此,如何处理好保护与重建的关系,是这一过程中需要考虑的重要问题。在发展工业旅游的过程中,应对区域内的环境保护与可持续发展制定详细规划,谨慎地避免对环境的二次破坏,在对以往的废弃的工业遗址进行巧妙改造的基础之上,最大限度地展现工业历史,使工业文化得以留存与继承,从而供游客游览、休闲、购物所利用。同时,对于工业旅游城市的发展,一方面要从城市的经济地理位置、资源禀赋特征、城市内企业产品品牌效应、认可和吸引程度出发进行综合考虑;另一方面也要对城市的环境进行综合评估、预测、规划、治理和保护。

(三)多样化的发展模式及资源融合

目前我国很多城市工业旅游的单一旅游形象影响和制约了城市旅游业的发展。因此,政府在发展城市工业旅游时应重点考虑两个问题:一是工业旅游的发展模式。目前,很多城市尤其是具备丰富工业旅游资源的城市,其工业旅游多以参观为主,因缺乏体验性、参与性的旅游项目,致使工业旅游的过境性明显。应摒弃过去单一观光游览模式,而代之以工业旅游为中心的多元化工业旅游产品开发,即以工业旅游产品为中心,相应建立美食文化街、公共游乐园、休闲娱乐中心等辅助设施,从而提升城市的工业旅游产品的影响力。二是工业旅游产品的复合开发。应当把工业旅游产品与其他不同类型的旅游产品有效结合起来,如将山水旅游、工业旅游、农村旅游等串联在一条旅游线路之中,不仅可以借助其他形式的旅游产品延长工业旅游者的旅游时间,同时也可以弥补只为工业旅游而旅游的缺陷,最大限度地满足旅游者在游览工业旅游过程中的其他旅游需求。

第五章
路径与战略：中国工业旅游发展模式与对策

第一节 中国工业旅游发展的基本模式

工业旅游是旅游发展的一种独特形式，伴随着工业旅游发展，不同模式也不断涌现。国外现有文献一般将工业旅游分成工业遗产旅游和工业观光游两大类，其中又将工业遗产旅游归纳为工业遗产公园和工业博物馆两种开发模式。我国学者李蕾蕾在对国外工业遗产旅游考察分析的基础上总结出了四种模式，即以弗尔克林根炼铁厂、关税同盟煤矿、措伦煤矿为代表的博物馆模式，以杜伊斯堡的北杜伊斯堡景观公园为典型的公共游憩空间模式，以奥伯豪森的中心购物区为代表的与购物相结合的综合开发模式以及区域性一体化模式，这种模式属于一个由区域综合整治计划所带动的区域性统一开发模式。对工业旅游开发模式的分析，对工业旅游开发具有现实指导意义。由于各地区工业旅游资源存在类型、开发条件等方面的差异，只有选择正确的开发模式才能发挥工业旅游的效益。我国工业旅游发展目前主要有矿业城市转型发展模式、老工业基地更新升级模式、高新技术行业知识科普模式、都市工业园业务扩展模式、"老字号"企业文化宣传模式、工艺品行业购物模式、现代制造业发展模式以及重大工程综合开发模式八种模式。

一、矿业城市转型发展模式

目前我国共有矿业城市232座，其中成长型的有19座，鼎盛型的有104座，而衰退型的有55座。作为世界第二位的矿业大国，实际上我国很多矿区都面临着资源枯竭和环境恶化等发展问题，矿区资源枯竭、废弃地景观退化严重、生态平衡失调以及大面积环境污染等问题已经严重阻碍了这些资源枯竭型矿业城市的进一步发展。在这样的背景下，为了实现城市的可持续发展，一些矿区开始利用矿山废弃旧址以及机器设备等开展工业旅游，逐渐转型。这样一方面可以保护矿业遗迹，实现矿区景观重置、生态重建，另一方面在保护性开发的基础上可以取得社会、经济和生态的综合效益，实现城市的转型发展。

矿业城市转型发展模式指的是矿业城市，特别是处于衰退转型期的矿业城市，利用原有的矿区作业环境空间、机器设备以及保留下来的矿井等工业遗迹，以旅游为开发手段，进行资源的二次利用和改造升级，使那些本已失去经济意义的工业遗产重新发挥经济作用，最终将矿区打造成博物馆、开放性主题公园等多种形式的一种工业旅游开发模式。

采用矿业城市转型发展模式的工业旅游，一般发生在已经被废弃或者正在开采的矿区，它利用矿区作业环境、矿井以及与开矿相关的机器设备等资源，同时融入一定的高科技，以旅游开发为手段，进行采矿场景的复原、采矿技术的展示以及介绍矿区生产管理与生活区服务有机结合的独特管理模式等内容。

矿业城市转型发展模式特点在于，首先它发生的背景是早期矿业资源丰富的城市，采矿业是城市发展的主导产业之一，但随着矿业资源开发的减少，城市也开始逐渐衰退转型；其次这种模式是以生态文明为指导思想，在追求经济效益、实现城市转型的同时会更加注重城市的社会效益和生态效益，它在对矿区的土壤、污水以及植被等进行修复改造以后，再进行资源的开发和重组，形成各种特色矿业工业旅游产品，使矿区最终由第二产业逐渐向第三产业转型发展,这是在修复当地自然环境的基础上,实现了采矿废弃地的功能置换,因此矿区在获取经济利益的同时也获得了一定的社会效益和生态效益;最后这种模式主要满足了游客怀旧的旅游需求,因为这种模式可以活化矿区的历史感和真实感,向旅游者复原当时的采矿情境,以满足部分旅游者怀旧心理。

现在我国已经有一部分矿业城市正处于转型升级的关键时期,于是工业旅游就成为城市可持续发展的重要手段之一,其中典型代表有山西平朔煤矿、山西晋城丹朱玲煤矿、辽宁阜新海州露天煤矿等矿区。这些矿区大部分都开发较早,体量较大,且目前正处于开发的中后期。这些矿区在开展工业旅游、设计工业旅游产品的过程中都将环境修复和环保作为首要目标,在此期间不仅修复了当地环境,而且积极开发环保旅游产品。在此基础上,又融合了一定的现代科技手段,向旅游者展示开采矿物的场景,让旅游者体验采矿工作,以满足旅游者怀旧的需求,同时还能够向旅游者传播一定的科学知识。山西平朔作为矿业城市转型发展的代表,不仅开发早、体量大,而且从20世纪90年代就开始打造工业旅游,是我国较早开始工业旅游的矿区之一,属于典型的矿业城市转型发展模式。山西平朔煤矿以环保和科技作为产品的设计理念,通过"大露天科技游""大露天环保行"等独特的工业旅游产品,来展示矿区作业时的恢弘场面,向旅游者展示开采煤矿时的场景,向参观者传播一定的科学知识;同时矿区按照"采、运、排、复垦"一条龙的工作流程,让土地的复垦和开采同步,将平朔煤矿打造成环保型工业旅游区。平朔煤矿在发展循环经济的同时,绿色矿山也丰富了旅游项目,最终实现了矿区的转型升级和可持续发展。

二、老工业基地更新升级模式

老工业基地是指我国成立早期以重工业为主体的工业基地,在我国工业化和现代化建设过程中都发挥了重要作用。但在发展过程中,这些城市逐渐面临着资源枯竭、发展资金不足以及产业结构单一等多种问题威胁,老工业基地为了改变现状,实现更新升级,开始寻求和培育新的发展模式。旅游业涉及生产和消费等诸多领域,可以与第一、第二产业融合,产生联动效应,从而更好地促进产业结构的调整和经济增长方式的转变,工业旅游作为第二产业由自身单一产业结构向多元产业发展的一种重要途径,在老工业基地振兴和更新升级中发挥着重要的作用。

老工业基地更新升级模式指的是在工业生产资源日趋衰减的情况下,老工业基地借助原有的雄厚工业基础、较高的工业资源价值以及便利的交通等条件,使用旅游等手段进行产业结构的更新升级,从而延长老工业基地的生命周期,实现老工业基地更新升级的一种工业旅游开发模式。

采用老工业基地更新升级模式的工业旅游,一般都发生在工业基础雄厚的城市或地区,这些地方工业科技含量高,工业旅游资源丰富,在振兴老工业基地和产业结构调整的背景下,它们利用已有的石油开采、化工、钢铁冶炼以及机械装备制造等大量工业企业,开发出了多种形式的工业旅游产品,如观光游览产品可以让旅游者体验到汽车总装、热轧钢铁的宏大场面和现代化生产线;工业遗产博物馆则是集知识性、教育性和娱乐体验性为一体,能够让旅游者学习科学知识,增长见识。老工业基地的更新升级模式面向所有的旅游客源市场,能够满足不同旅游者的需求。

老工业基地更新升级模式的特点包括以下三点:第一,开展工业旅游的城市和地区工业种类齐全,基础雄厚,工业旅游资源丰富,但随着中国工业化进程的加快,老工业基地的地位逐渐下降,并且面临着资源枯竭、产业结构老化、产品滞销以及工厂倒闭等一系列问题,因此必须要进行转型升级。第二,政策扶持是老工业基地工业旅游发展的有力后盾,振兴老工业基地已经成为我国一项长远发展战略,政府在其发展过程中提供了大量的政策优惠、技术支持以及资金扶持,这也为老工业基地工业旅游的发展提供了一定的保障。第三,辽中南以及沪宁杭等四大老工业基地分别处于我国的东北、华中等地,经济发达、交通便利、人口密集,给工业旅游提供了广阔的发展空间。京津唐、辽中南、沪宁杭以及珠三角老工业基地是中华人民共和国成立以来的四大老工业基地,大力发展工业旅游是推动其更新升级的重要方式之一。大庆石油、首钢总公司、宝钢集团等企业的工业旅游都属于老工业基地更新升级模式,特别是以黑龙江、辽宁和吉林为代表的东北老工业基地更具有代表性。这些企业都是中华人民共和国成立之初逐渐发展的工业企业,企业历史文化悠久,基础雄厚,工业旅游资源丰富,并且拥有优越的区位优势,近些年在国家政策的扶持下,开始寻找更新升级的发展新道路。黑龙江是我国工业和旅游大省,工业旅游资源丰富,振兴东北老工业基地政策以及毗邻朝鲜、韩日等优越的地理位置都为工业旅游提供了广阔的发展空间和良好的外部环境。大庆作为黑龙江省工业旅游发展的龙头城市,就是在这些内外部优势的共同作用下形成的,大庆位于黑龙江省西部,地处松嫩平原,是一座以石油、石化和高新技术产业著称的新兴城市,工业旅游资源丰富。例如大庆石油工业旅游中心以"石油文化"为核心,以石油生产过程形成的场景、石油矿场、石油纪念馆和展览馆等为工业旅游产品,向旅游者展示我国石油工业技术以及艰苦创业的历史和其中所蕴含的"大庆精神"。

三、高新技术行业知识科普模式

高新技术行业是指用信息技术、生物工程和新材料等高精尖技术生产高技术产品的产业集群,它对促进产业结构升级,减少能源消耗,提高经济发展效益具有重要的推动作用。随着技术革命浪潮在世界范围内的推广,高新技术在我国经济发展过程中的地位越来越重要,但高技术行业由于它自身行业属性的原因,具备较高的知识性和技术性,很难被普通大众所理解和学习,因此必须要通过一定的方式让高新技术更加普及和平民化,从而让高新技术行业能够更好地为经济发展服务,更贴近大众化生活。高新技术行业通过开展工业旅游活动,能够让旅游者在轻松愉悦的氛围中获取知识,推动行业知识的普及。

高新技术行业知识科普模式是以企业或工业园为依托,以某一特定工业领域现代化科学技术和先进生产工艺为主题,通过专业导游员的讲解、博物馆以及展览厅的展示等手段向旅游者传达各种高新技术知识以及该领域标志性的设施、设备等,从而满足旅游者求知需求,实现行业知识科普的一种工业旅游开发模式。

采用这种模式的工业旅游大多发生在技术较强较新的产业园或者企业,它们以自身强大的技术含量和先进的生产技艺为依托,主要通过引导旅游者参观科技馆、主题展览馆以及举办相关的行业知识讲座等形式来普及行业内的专业知识,以满足旅游者的求知需求。这类模式的目标客户主要是青少年市场,多以科教基地的形式出现。

高新技术行业知识科普模式与传统的观光游不同,它具有很强的知识传播性,能够让旅游者在旅游休闲中获取新知识,寓教于乐,满足旅游者的求知需求,这是高新技术行业知识科普模式最大的特点;其次这种模式的工业旅游主题鲜明、内容先进,往往是针对某个特定的主题来展开旅游活动的,如西昌卫星发射中心就是与航空航天技术有关的工业旅游基地,通过这种模式,旅游者可以在知识性、参与性、娱乐性相结合的氛围内,更加轻松地了解到某个企业或行业的历史、发展现状以及工业科技知识等;另外与传统旅游业的形式内容不同,高新技术行业知识科普模式更加强调内容的趣味性和活泼性,高新技术本身就具有较强的知识性和严谨性,但却能够吸引越来越多的旅游者,就是因为这种模式能够通过活泼的、老少皆宜的方式将深奥的知识通俗化,实现内容和形式的趣味化。

我国高新技术行业知识科普模式涉及航空、汽车和电力等多个行业门类,北京航空旅游、烟台张裕葡萄酒文化旅游、西昌卫星发射中心以及沈阳航天基地旅游等都属于这类发展模式。但这些企业都以高精尖技术为主,专业技术和知识性较强,为了更好实现行业知识科普,为科技成果产业化创造条件,同时为了满足旅游者求知需求,提高旅游者的科技意识,进而提高整个社会的公民素质和社会整体科技的发展水平,这些企业都开始打造工业旅游。西昌卫星发射中心是我国目前对外开放的规模最大、设备技术最先进、承揽卫星发射任务最多、具备发射多型号卫星能力的新型航天器发射场,负责通信、广播以及气象等卫星的发射工作。作为我国重要的航空航天基地,它开始逐渐向旅游者展示其航天科技知识。旅游者主要是通过参观发射架、卫星,参与体验航空环境,听取航天知识讲座等多种形式获取相关的航天知识。

四、都市工业园业务扩展模式

改革开放之后,工业园区或开发区逐渐发展成为一种普遍的工业发展模式,而且越来越显示出工业旅游的潜力,国外的很多工业园区,尤其是高新技术产业园区都具有观光吸引力。工业旅游对于改善园区环境、提升园区形象起到重要作用。

都市工业园业务扩展模式是将一个地区内众多的工业企业或者产业园作为一个整体,将它们打造成具有观光、游览、休闲以及科普等多种功能的综合型旅游区,属于多个企业联合开发而形成的具有多家单项工业旅游产品在内的综合旅游产品的一种开发模式。

都市工业园业务扩展模式一般都以工业园区或者企业为基地,因为这些地方在自然环境、人文社会环境以及高新技术等方面都对旅游者具有很大的吸引力。这种模式的工业旅游一般都是通过建立购物中心、大型休闲区、展览馆以及引导旅游者参观园区企业等形式来开展旅游活动。最初这种模式是为了满足商务考察类旅游者的需求,但随着发展的深入,其休闲和科普功能也在不断强化。

都市工业园业务扩展模式的主要特点在于综合性强,首先是发生在综合性的工业园区或者产业集聚区,并且这些地方的功能完备、基础设施健全、地理位置优越,能够为旅游者提供综合性的服务;其次它是以整个工业园为对象,在园区内设立统一的管理委员会,负责园区所有工业旅游项目的规划、产品设计以及线路开发等工作,进行整体联动开发,并且有优惠政策引导,在园区统一规划引导下,能够更加合理地进行企业资源配置,深入挖掘企业的内在潜力,扩展企业的业务,提升企业的整体竞争力;最后这种模式具有不同的功能,能够满足不同需求,发挥不同作用,如迎合商务型旅游者考察的需求,从而能够引进人才、招商引资,而其休闲和科普功能则能满足一般旅游者的需求,从而有利于进行营销宣传,提高工业园的整体形象。

　　武汉经济技术开发区、西安高新技术开发区、株洲国家高新技术开发区、上海卢湾区"8号桥"工业创意园区、苏州工业园区等多个园区内开展的工业旅游项目都属于都市工业园业务扩展模式。这些园区既有高新技术产业也有传统技术转型升级产业,这些产业在园区管理委员会的统一引导规划下,同时配以休闲、观光以及娱乐等多种设施,内部功能齐全,对旅游者产生较大吸引力。上海卢湾区"8号桥"工业创意园区最早是由法租界改造成的上汽集团机车制动器生产基地,但随着企业发展,旧厂房被废弃。2003年下半年,在政府以及社会各界的共同努力下开始对旧厂房进行改造升级。目前,"8号桥"已有境内外近百家著名设计公司和著名品牌落户,成为顶级品牌展示和信息发布的平台,中外经济文化交流的桥梁。为了扩展园区业务,提升整体竞争力,"8号桥"开始打造工业旅游,通过历史文化长廊,向旅游者展示了园区的发展史。"8号桥"工业园目前主要针对的还是一些商务考察式的旅游者,通过参观历史长廊,听取经验分享报告,阅读相关宣传册以及实地考察等多种方式,了解到园区是如何从工业年代向后工业年代转变,以及其转变成后工业年代的发展状况,从而使他们能够更加深刻地了解"8号桥"的发展理念,加深对创意文化的认识。

五、"老字号"企业文化宣传模式

　　"老字号"指的是该行业内发展最早的企业之一,并且拥有传统的配方和著名商标,自身的发展历程就可以看成是行业历史的缩影。这类企业的工业旅游一般开始较早,影响较大,而且由于蕴含了丰富的民族传统文化,成为接待中外游客、政府经济考察的必到之处。

　　"老字号"企业文化宣传模式就是指"老字号"企业以独特的生产技艺、产品以及悠久的发展历史为载体,向旅游者宣传企业传统文化,进而树立企业形象,引发旅游者对企业产品的关注,培育忠实顾客的一种工业旅游开发模式。

"老字号"企业文化宣传模式发生在历史悠久、企业文化底蕴深厚的一些传统企业中,它以企业独特的生产技艺、厚重的历史文化为依托,以宣传企业文化、培育忠实顾客为目的,通过引导旅游者参观体验企业产品的制作过程、游览博物馆等多种方法让旅游者能够更加深入地理解企业产品和文化,从而提高"老字号"企业的知名度。开展这类模式工业旅游的最终目的是为了提高企业知名度,培育忠实顾客,因此它面向所有的旅游客源市场,满足不同旅游者的需求。

"老字号"企业文化宣传模式的发展目的有一个明确的转变过程,虽然目前这类模式是面向所有旅游者开放,目的是扩大营销宣传,但它最早出现是由政治性目的推动的,例如中国第一汽车集团公司、山西杏花村汾酒、茅台酒厂等企业都是中国工业历史上里程碑式的企业,因此在早期此类企业承担着经济考察和参观学习等任务,并通过旅游这种形式表现出来。但是随着工业旅游的深入发展,企业变被动为主动,通过向旅游者介绍企业历史和产品文化,安排旅游者参观生产车间、体验生产流程等活动,从而对"老字号"企业起到营销宣传的作用。这类模式的另一个特点就是开展工业旅游是企业营销宣传的手段,旅游只是一种承载形式,企业的历史文化和民族文化情结才是最终的文化内涵,企业的主要目的并不是依靠此项活动来增加企业的直接营业收入,而是为了宣传企业文化,实现企业的长远发展。

只有我国的老字号企业才符合这类工业旅游的开发模式,如山西汾酒工业园林、贵州茅台酒厂、四川五粮液集团公司、泸州老窖集团公司以及湖南湘泉集团等企业。这些企业都拥有悠久的历史和民族传统文化,在行业中拥有一定的领导地位,它们的发展水平在一定意义上代表着其所处时代我国工业化的发展水平。这些企业的工业旅游大部分都是由政府接待逐渐转变形成的,后来随着发展的深入逐渐演变形成一种独特的工业旅游发展模式。山西汾酒工业园林是全国最早最大的白酒酿造基地之一,中国最大的酒文化旅游基地,其发展历程代表了中国白酒行业的发展缩影。政府公务接待和外宾接待工作是汾酒工业旅游的萌芽,1993年汾酒博物馆开馆标志着汾酒集团工业旅游的正式开始,2000年正式注册了山西杏花村酒都旅行社,使公司工业旅游与旅游行业接轨。汾酒工业园以"酒文化"为核心,以汾酒博物馆、汾酒工业园林以及醉仙居酒文化园林等为依托,以旅游者参观酒文化博物馆,参与体验汾酒制作过程为旅游开发形式,深入挖掘了汾酒历史文化内涵,从而使得汾酒的知名度有了极大提高。

六、工艺品行业购物模式

工艺品行业购物模式是指利用原有的工业场所和工业产品建立一个购物中心,引导旅游者参观工艺流程,参与产品制作,使旅游者能够在短时间内了解到工艺品的制作过程,品味工艺品的高雅艺术,最后实现购买工艺品目的的一种集购物、娱乐和休闲为一体的综合型工业旅游开发模式。

工艺品行业购物模式一般发生在具有较高艺术性和观赏性的企业中,例如雕艺、瓷雕、玻璃以及陶瓷等制造业。这类企业的工艺大部分是我国民间工艺,具有非常高的艺术欣赏性,但同时其产品又在我们生活中很常见。它们通过邀请旅游者参观、参与体验产品制作等方式开展旅游活动,以满足旅游者购物、休闲和娱乐等需求。

工艺品行业购物模式最大的特点在于旅游营业收入的主要部分来自于旅游者购买旅游纪念品和工艺产品,因为购物是这种旅游模式的主要活动之一,同时也是企业开展工业旅游的主要目的;其二,这种模式的旅游者参与体验度高,因为与其他工业企业相比,大部分工艺品行业的可进入性高,方便安全,并且趣味性高,因此旅游者愿意并能够参与到工艺品的制作中,同时参与体验不仅能延长旅游者在景区的停留时间,而且能够提高工艺品的购买度。

承德华富玻璃器皿有限公司、景德镇雕塑瓷厂以及泉州惠安雕艺城等就是工艺品行业购物模式的典型代表。这些企业生产的产品虽然在生活中很常见,但也具有很高的艺术欣赏性,因此对旅游者产生很大的吸引力。企业通过开展工业旅游能够让旅游者在欣赏工艺品的同时参与到工艺品的制作中,最终实现购买工艺品的目的。景德镇雕塑瓷厂是我国工业化进程中最早的一批工业企业之一，是国家二级企业，国家旅游局等部委指定的全国旅游商品定点生产企业和国家环保局评定的全国环保先进企业。景德镇是中国陶瓷业最大的生产地之一，它不仅拥有一流的雕塑瓷技术，生产出了大量精美的工艺品，而且与工业旅游相适应的现代化生产线制作流程能够让旅游者亲身参与体验工艺品的制作。1992年景德镇市雕塑瓷厂开始打造工业旅游项目，它利用自身的雕塑瓷特色，举办了一系列的学术技艺交流展览会，吸引了大批游客和中外艺术家来到厂区，这样不仅扩大了产品的销量，提高了知名度，而且通过游客反馈也收集到了更多的产品信息，从而为产品创造提供了更多的思路，丰富了产品体系。后来景德镇的雕塑瓷厂又在厂区修建了国际陶艺中心、购物街等多种功能区，提供了参观、鉴赏、购物、餐饮、娱乐、休闲、亲手制作等一条龙服务，让景德镇的雕塑瓷文化得到进一步传播。

七、现代制造业发展模式

现代制造业类企业大多都是在改革开放以后发展起来的新兴行业，这类企业依靠自身灵活的企业机制、国际标准化的生产线以及先进科学的管理模式，快速发展成为行业领先。这类企业虽然处于行业领先地位，但是面对激烈的市场竞争，必须要赢得消费者的认可，才能获得竞争优势。于是这些企业通过让消费者体验产品生产过程、参观厂区厂貌、感受企业先进的管理水平和科学的企业文化，从而在消费者心里树立良好的企业形象，以扩大企业知名度。

现代制造业发展模式一般指的是以现代制造业为主的企业通过引导旅游消费者参观体验其生产过程、厂区厂貌向旅游者展示企业产品，并且举办公益性的行业科普讲座，最终提高企业的关注度。

现代制造业发展模式发生在现代制造业企业，这类企业发展速度较快，忠诚稳定顾客较少，面临着激烈的市场竞争，必须要通过宣传企业文化，科普产品知识，提高顾客的信任度，才能最终获得消费者的认可，扩大企业知名度。这种模式的工业旅游必须要通过旅游者亲身体验和感受企业先进的科技和文化,才能起到"活"广告的效应。因此这类模式的目标客户群主要是企业潜在或者未来的客户。

首先开展这种模式的企业一般不将工业旅游作为盈利目的,而是希望通过这种方式达到"活"广告的效应,以宣传本企业产品,扩大本企业的知名度,在消费者心里建立良好的企业形象,因此它主要的旅游活动就是参观厂区厂貌、生产流程,宣传企业产品;其次受开展工业旅游目的的影响,这类企业在开展工业旅游时都十分重视旅游者的体验和感受,因此它们一般会在厂区成立专门的参观线路、配有专业的高素质导游员,为旅游者提供完善的导游服务,而且企业一般会在旅游活动开展过程中征求旅游者对产品的看法,以便对产品进行改进升级。海尔集团、长虹集团以及奇瑞汽车制造厂等一些现代化制造业都是在面临激烈的行业竞争的背景下开展的工业旅游,企业想通过向消费者宣传企业产品和文化来获取他们的支持,最终获取竞争优势。海尔集团成立于1984年,它是在学习德国电器生产技术的基础上,自主创办的具有多种经营模式、多种类型产品的国际化大企业,是我国著名的家电企业之一。随着家电行业的不断发展,海尔集团的市场优势越来越受到行业内其他品牌的威胁,因此获取消费者的支持和认可,提高企业的知名度等一系列目标使海尔开始打造工业旅游。海尔集团在推出工业旅游项目后,成立了海尔国际旅行社,并且在海尔科技馆、海尔工业园区、车间内规划了专门的参观路线,配备了专业的讲解员,培养了一支优秀的导游讲解队伍。随着工业旅游的深入发展,目前海尔集团已经开发出了一套完整的现代制造业工业旅游发展模式,重点打造了集团的样品室、生产线和科技馆等产品,并且赋予工业旅游产品科技、文化、旅游和娱乐等多种功能。

八、重大工程综合开发模式

重大工程是指由国家重点投资、投资金额大,且周期较长的项目,这些项目大部分都是由政府直接出资,会对当地的经济和民生发展产生重要影响。一方面,重大工程一般拥有较高的技术含量和科学价值,因此具有一定的科普价值;另一方面,这些工程大多数都位于地形独特、自然人文生态环境较好的地区,具有一定的观光游览价值。因此以重大工程为依托的综合开发模式是工业旅游开发的另一种重要模式。

重大工程综合开发模式是指在我国一些水利、电力或者太阳能等重大工程基地上,在当地水利、电力或风能等大型设施的基础上,以当地独特的地形条件和生态环境形成的景观为依托,通过水利、电力等设施向旅游者宣传科学文化和历史价值,向旅游者展示由重大工程带来的独特景观,从而实现重大工程的旅游、科普和社会经济等综合效益的一种开发模式。

采用这种模式的工业旅游几乎都发生在国内一些较大的工程基地或者新能源开发基地,这些地方依托其强大的工程建筑技术以及独特的地形和自然人文景观,向旅游者展示重大工程的建筑工艺以及工程建筑和当地的地形、水资源、生态人文景观等共同构成的景观。通过展示这些工程建筑技艺以及独特的自然生态景观,让旅游者能够更加生动形象地了解中国工程建筑技艺的伟大,宣传其中的科学文化价值。开展这种工业旅游是以宣传中国工程建筑技术和保护当地的自然生态环境为主要目的,以社会经济效益为辅,因此它面向所有的旅游市场,可满足不同旅游者的需求,但是着重以研学旅游、科普教育等为主。

只有在我国重大工程基地开展的旅游才符合这种旅游开发模式,如长江三峡旅游景区、都江堰风景区以及葛洲坝风景区等。这些工程基地都以强大的工程建筑技术和先进的设施设备为支撑,同时还拥有独特的自然和人文资源,能够满足旅游者学习科学知识、工程建筑技术以及欣赏自然生态景观的需求,这种模式的工业旅游在实现其科学、环境效益的同时也获得了一定的经济效益。三峡大坝是长江三峡旅游景区的重要组成部分,位于西陵峡的中段,景区以当今世界上最大的水利枢纽工程——三峡大坝为依托,全方位展示了工程建筑技术和水利文化,为游客提供游览、科教、休闲、娱乐为一体的多功能服务,是将现代工程、自然风景和人文景观相结合的旅游景区,景区现有坛子岭园区、185园区以及截流纪念园等园区。其中坛子岭园区是三峡大坝最早开发的景区,同时也是我国首批 AAAAA 级景区之一,在景区内部不仅可以观赏到三峡大坝泄洪时的景观,还可以通过模拟展示厅了解三峡大坝的建筑原理和科学技术;在截流纪念园内设有展室,游客可以通过展室内的图文资料了解三峡工程以及大型施工机械的实物展览等。三峡大坝旅游景区在向旅游者普及科学文化知识和技术的同时,保护了当地的自然生态环境,实现了自身的社会经济效益,最终实现重大工程的综合开发。

第二节 中国工业旅游发展对策与建议

工业旅游是工业企业化将无形资产转化为有形资产的一种手段,是旅游者了解企业产品、认同企业文化的一种途径,是促进我国产业结构转型升级、带动社会经济发展的一种方式,各地都要将发展工业旅游作为城市旅游业发展的重要战略之一,要立足于自身工业旅游发展的特色,选择合适的发展模式,走正确的发展道路。

一、坚持提质增效,全面谋划发展新格局

中国工业旅游已经度过了萌芽起步的 1.0 时代和逐步规范有序的 2.0 时代,迈向了提质增效的 3.0 时代。要在党的十九大精神指引下,贯彻实施《全国工业旅游发展纲要(2016—2025 年)》,以第二次全国工业旅游创新大会召开为契机,在新发展理念下以提质增效为核心推动工业旅游大发展。要把握机遇,推进工业旅游上新台阶;要正视问题,破解工业旅游发展中的问题;要高屋建瓴,推进新时代工业旅游大发展。

在此方面,湖北的做法和经验可以参考借鉴。湖北省是我国重要的工业基地,工业文化底蕴深厚,工业发展历史悠久。发达的工业为工业旅游发展提供了良好的资源供给基础。当前,湖北省正积极推进旅游与工业融合

发展,探索"旅游+工业"新途径,加大潜在工业资源向工业旅游资源转化的力度和进程,以旅游的理念推动工业转型。坚持把工业旅游摆到更加突出的位置,提升工业旅游创新动力,实现资源、市场、政府的高度对接和统一。新时代湖北工业旅游发展非常重视发展质量和效益,坚持提质增效原则。党的十九大报告要求"要在继续推动发展的基础上,着力解决好发展不平衡不充分问题,大力提升发展质量和效益"。新时代的重要特征就是我国经济已由高速增长阶段转向高质量发展阶段。在新时代背景下,工业旅游发展质量问题显得更加突出和重要。新发展理念是新时代中国工业旅游大发展的行动准则,质量效益是新时代中国工业旅游大发展的本质和核心。湖北省注重挖掘潜力、加强顶层设计、突出地方特色、强化文化内涵,同时注重规范工业旅游管理和提高服务专业化水平。目前,湖北省工业旅游发展的"四链(工业旅游发展的工业文明链、工业产业链、工业城市链、工业企业链)四极(武汉、黄石、宜昌、十堰)多点(相关地区)"格局正在形成,工业旅游步入了全面发展、蓬勃发展的轨道。

二、发挥政府主导,促进各方合作发展

工业旅游目前在我国还处于发展的中前期,再加上它涉及的行业和领域较广,因此需要各级政府部门发挥主心骨作用,协调各方促进工业旅游的快速发展。

从政策制定的角度上看,各地政府要在国家政策方针的指导下,结合当地工业发展的现状,制定合适的规划文本,选择正确的发展模式;在相关的工业旅游法律法规的制定方面,政府要在完善现有法律的基础上,加快制定工业旅游开发与保护方面的法律规范,以达到健全市场机制、维护市场秩序的目的;最后政府要加强工业旅游相关的配套设施和旅游基础设施的建设,同时可以给予工业旅游资源相对丰富但基础设施落后的企业一些相应的优惠政策。

政府要充分发挥统一协调作用,将政府、企业以及旅行社等其他各方协

调好。工业旅游的发展,不仅要凭借旅游资源的优势,更要依托工业企业、旅行社、交通运输部门、市政基础设施及各方的共同努力,因此要打破地域和行业的壁垒,加强跨部门、跨行业的资源整合利用,形成地区联合体。政府部门还要通过其行政手段,积极引导培训行业协会等中介机构,以协会和旅行社为纽带,加强各个行业和部门间的合作;同时可以引导相关部门和行业组织将传统的旅游相关活动与工业旅游产品打造相结合,纳入相应的旅游线路改造中,以传统旅游活动的带动作用促进工业旅游的发展,形成重点带动、由点及线和面的发展结果,最终实现全域旅游的发展目标。

三、打造特色产品,合理安排旅游线路

走特色化旅游产品发展道路是工业旅游发展永葆生机和活力的必经途径。如果简单将工业旅游作为一个独立的旅游产品,认为引导旅游者到工厂进行厂房、工艺制作流程参观等活动就是工业旅游,那么工业旅游就不会得到长远的发展。随着旅游者需求的多样化发展,旅游者对企业的发展理念、企业文化以及建筑文化等抽象的东西更感兴趣,所以企业要根据旅游者的需求打造特色化旅游产品和旅游线路。

打造特色化的旅游产品要求企业根据旅游者多元化的旅游需求,根据目标客户群寻找旅游市场,最后进行准确定位。首先企业在设计工业旅游产品时要立足于本企业的文化,从自身的特色出发,对工业旅游资源进行深度开发,将简单的初级工业观光游览变为深度的多层次旅游,从而能够发展不同层次不同类型的工业旅游;其次企业要努力打造体验性的工业旅游产品,让旅游者能够亲身体验感受工业产品的制作过程,这样不仅能够提高旅游者的体验感受和满意度,而且能够延长旅游者在景区的停留时间,能够更加深刻地体验企业的文化;最后要注重企业的文化宣传和品牌树立,将企业文化融入到旅游产品的设计之中,强化企业的宣传。

打造特色化的旅游线路要求企业在研发旅游产品的过程中根据不同年龄、学历层次以及不同需求的旅游者设计不同的线路,如开发出商业探寻之

路以满足商业考察等专业目的性较强的旅游者,着重介绍技术性和管理性强的项目;而趣味体验之路则可以针对青少年群体,更多地安排青少年亲自进行产品制作等。

四、加强宣传营销,树立良好企业形象

加大宣传营销是提高工业旅游知名度的有效手段之一。与传统旅游发展相比,我国工业旅游起步较晚,无论是旅游市场的占取份额还是对旅游者的吸引力都处于劣势地位;同时工业旅游收入与企业的产品营业收入相比还是存在一定差距,最终不仅导致企业对工业旅游发展的重视度不够,而且很多旅游者对工业旅游的认识不足,不能对此形成正确的认识,因此要加强对工业旅游的宣传营销,以形成对工业旅游发展的正确观念。

进行宣传营销之前必须要形成一套完整的营销计划,首先,营销计划要从城市长远发展的角度出发,立足于城市的整体形象,并结合企业工业旅游产品的特色,设计出适合本城市的独具特色的城市工业旅游整体形象,并且要根据形象设计出相应的对外营销口号和宣传标识,制定相应的营销战略规划,以达到城市工业旅游的统一协调管理;其次,工业旅游企业既要将报纸电视等传统媒体营销与互联网、微博微信等新媒体营销相结合,进行全方位营销,又要通过旅游推介会、博览会等多种方式进行宣传,树立企业工业旅游品牌,扩大影响力;最后,在工业旅游活动开展的过程中,企业要充分利用自身产品特色,通过多种形式将产品特色和企业文化融入到导游讲解以及工业旅游产品的展示过程中,通过潜移默化的方式向旅游者展示工业旅游产品、宣传企业文化以及树立企业品牌。

五、融合传统资源,推动旅游综合开发

实现旅游资源的多样化才能满足旅游者的需求。随着旅游业的深入发展,旅游者也逐渐向成熟化发展,旅游者的动机越来越多元化,所以在工业

旅游产品开发的过程中一定要注意避免产品和线路的单一性。如果一条旅游线路只有一个工业旅游项目,那么即使工业旅游产品特别丰富,也会使旅游者感到厌倦,从而影响旅游者的满意度,进一步影响企业工业旅游的社会认知度和产品的美誉度,因此企业在工业旅游产品的开发过程中一定要注意与传统旅游资源融合,组合出不同类型的旅游产品,使得旅游产品的体系更加完善,最终形成旅游资源齐全的、较大的综合性旅游目的地。

融合传统旅游资源进行旅游资源综合开发的好处在于,一方面自然和人文旅游资源是对工业旅游资源的一个很好补充,可以实现旅游资源和景点的多样化,满足旅游者寻求变化的旅游需求;另一方面与工业旅游资源相比,传统旅游资源的开发相对较早,基础设施和旅游服务设施建设已经比较完善,因此工业旅游资源不需要在这方面有过多的投入,使工业旅游发展较为容易。

六、培育相关人才,提升员工整体素质

大力培育相关人才能够为工业旅游发展提供智力支持和后勤保障。对当地政府来说,一方面要提高人才准入门槛,可以参考全国导游证考试制度,建立相应的工业旅游导游人员的选拔制度,而不是安排企业内部员工从事工业旅游的讲解工作,这样从根本上保证工业旅游人才队伍的整体素质;另一方面要健全人才奖励制度,对于工业旅游相关的产品研发人员和优秀的导游适当进行表彰和奖励,以提高从业人员的积极性。对大专院校和企业来说,首先要鼓励大专院校开设工业旅游专业,招收和培育专业人才,提高专业人才的学历和专业素质;其次要鼓励大专院校和企业建立校企产学研合作机制,大专院校要充分发挥其科研优势,在对企业工业旅游现状分析研究的基础上,为企业的工业旅游可持续发展提供可行性报告,而企业也可以为大专院校的工业旅游专业学生提供实习机会和就业岗位;最后企业要和大专院校建立长期的合作机制,定期邀请学校的专业教师对企业相关工作人员进行理论和实践的培训工作。

参考文献

陈淑华.东北资源型城市工业旅游的发展——从德国鲁尔区视角分析[J].学术交流,2010(3):69-72.

陈学清,郑岩.东北地区工业旅游发展条件分析与对策探究[J].经济师,2005(2):78-79.

丁金胜.我国品牌城市工业旅游发展探析——以青岛为例[J].决策咨询,2013(4):43-48.

董静爽.德国鲁尔发展旅游业的启示[J].北方经贸,2008(6):125-126.

董丽晶,张平宇.老工业城市产业转型及其就业变化研究——以沈阳市为例[J].地理科学,2008,28(2):162-168.

董锁成,郭鹏.国内外工业旅游研究进展[J].山西大学学报(哲学社会科学版),2015(2):137-144.

董文海.工业旅游,企业的又一张品牌名片[J].企业管理,2009(11):46-49.

付业勤,郑向敏.国内工业旅游发展研究[J].旅游研究,2012,4(3):72-78.

高霞.浅析工业旅游产品类型及其客源市场[J].内蒙古科技与经济,2012(2):30-31.

耿建忠,吴殿廷,赵小芳.东北老工业基地资源型城市旅游发展研究[J].城市发展研究,2010(4):95-101.

郭鲁芳,孙春华.基于产业融合视角的工业旅游发展模式研究[J].浙江工商大学学报,2011(5):53-57.

黄芳.我国工业旅游发展探析[J].人文地理,2004,19(1):86-91.

纪宁.法国的工业旅游[J].天津教育,1997(2):48-48.

贾英,孙根年.我国工业旅游发展现状分析[J].城市问题,2008(10):96-100.

郎富平,杨东旭.国内工业旅游研究综述与展望[J].中南林业科技大学学报(社会科学版),2012,6(4):11-15.

李冰.国外工业旅游开发方略[J].企业改革与管理,2009(1):68-69.

李继香. 安徽工业旅游发展路径分析[J]. 决策,2007(6):60-61.

李蕾蕾,Dietrich Soyez. 中国工业旅游发展评析:从西方的视角看中国[J]. 人文地理,2003,18(6):20-25.

李林,魏卫. 国内外工业旅游遗产述评[J]. 华南理工大学学报(社会科学版),2005(4):44-47.

李鹏军. 重庆工业旅游发展探析[J]. 丝路视野,2016(31):76-78.

李瑞芬,张爱国. 内蒙古工业旅游的SWOT分析与战略选择[J]. 山西师范大学学报(自然科学版),2008(4):114-117.

李同升,张洁. 国外工业旅游及其研究进展[J]. 世界地理研究,2006,15(2):80-85.

李晓勇,周阳. 工业旅游研究综述[J]. 学理论,2010(15):61-62.

李雪瑾. 英国工业城市的转型经验及其对我国城市的启示——以伯明翰和唐山为例[J]. 中国管理信息化,2015(6):171-172.

梁坤,杜靖川. 产业融合视角下现代工业旅游发展模式研究[J]. 世界地理研究,2015,24(3):152-159.

刘会远,李蕾蕾. 德国工业旅游与工业遗产保护[M]. 北京:经济管理出版社,2007.

刘金林. 黄石工业遗产开发与利用对策研究[J]. 湖北理工学院学报(人文社会科学版),2016(2):7-10.

卢伟红. 试论网络营销在工业旅游中的应用[J]. 科技广场,2009(8):37-41.

芦雅红. 杏花村酒文化与工业旅游发展探讨[J]. 旅游纵览(下半月),2014(7):240-242.

闾平贵,周章,魏向东. 浅谈我国的工业遗产旅游开发[J]. 科技和产业,2009(1):9-11,35.

栾丽霞,王少华,徐登云. 工业旅游:一种新兴的旅游形式[J]. 湖北社会科学,2013(9):82-85.

马颖. 上海工业旅游发展模式及政策支持思考[J]. 中国商界(下半月),2010(3):163-164.

孟璠磊. 荷兰工业遗产保护与再利用概述[J]. 国际城市规划,2017(2):108-113.

潘顺安,刘继生. 东北工业旅游研究——振兴老工业基地的新视角[J]. 人文地理,2006(1):41-44.

彭新沙. 试论中国工业旅游的发展现状和推进对策[J]. 湖南社会科学,2005

(1):129-131.

秦燕.工业旅游开发模式研究——以新疆工业旅游示范点为例[J].长春理工大学学报(社会科学版),2013(5):91-92,131.

任宣羽.基于科普效应的工业旅游效益分析[J].科技管理研究,2008,28(3):121-123.

孙浩亮,孙静.哈尔滨市工业旅游的开发研究[J].黑龙江对外经贸,2006(11):66-68.

孙艳红.河南工业旅游的SWOT分析与战略选择[J].河南科技大学学报(社会科学版),2005(4):87-91.

谭小燕.做好全域旅游统计工作探讨[J].中国统计,2017(10):47-49.

汤临佳,胡奇芳.工业旅游嵌入"特色小镇"建设的创新模式[J].浙江经济,2017(2):46-47.

田冬晓.我国工业旅游发展路径分析[J].经贸实践,2016(21):65-66.

涂文慧,刘苗苗,李海苗.工业旅游城市发展探究[J].企业导报,2016(9):182-183.

王宝恒.我国工业旅游研究的回顾与思考[J].厦门大学学报(哲学社会科学版),2003(6):108-114.

王恒,李豫.基于德国经验的旅顺国家级经济开发区工业旅游发展研究[J].吉林工商学院学报,2015(2):45-48.

王化民.北京工业旅游产品的现状及对策[J].投资北京,2007(6):81-83.

王军,何小林.资源枯竭型城市转型与旅游业发展策略研究——以黄石市为例[J].旅游纵览(下半月),2017(3):115-116.

王军,杨庆.工业旅游资源概念及其特点探析——以黄石市为例[J].旅游纵览(下半月),2017(8):108,110.

王明友.中国工业旅游研究[M].经济管理出版社,2012.

巫莉丽,隋淼.德国工业旅游的发展及其借鉴意义[J].德国研究,2006(2):54-58,79.

吴相利.英国工业旅游发展的基本特征与经验启示[J].世界地理研究,2002,11(4):73-79.

吴杨,倪欣欣,马仁锋,等.上海工业旅游资源的空间分布与联动特征[J].资源科学,2015(12):2362-2370.

武红艳.浅析德国鲁尔区工业遗产旅游的模式及启示[J].太原大学学报,2010(3):77-79.

谢飞帆.新型城镇化下的工业遗产旅游[J].旅游学刊,2015,30(1):5-6.

谢嫣婧,谢红彬,张智峰.国内外工业遗产再利用比较研究[J].世界地理研究,2013(2):108-114.

熊花.工业旅游:新常态下我国旅游业发展的新方向[J].企业经济,2015(12):147-150.

颜亚玉.英国工业旅游的开发与经营管理[J].经济管理,2005(19):76-79.

杨庆.保健酒企业工业旅游开发研究——以湖北劲牌酒业有限公司为例[J].经济发展研究,2016(6):176-177.

杨晓兰.伯明翰:城市更新和产业转型的经验及启示[J].中国城市经济,2008(11):38-41.

杨茵茵,刘明.武汉市发展工业旅游的SWOT分析及对策[J].十堰职业技术学院学报,2011,24(1):36-40.

姚宏.发展中国工业旅游的思考[J].资源开发与市场,1999,15(2):117-118.

张爱琴,郭晓东,苏维欢.工业旅游体验营销对企业品牌形象的影响[J].资源开发与市场,2017(8):1021-1024.

张洁.工业旅游在德国发展历程的实证分析[J].安徽建筑,2011,18(4):16-18.

张金山,陈立平.工业遗产旅游与美丽中国建设[J].旅游学刊,2016,31(10):7-9.

张巧莲.青岛工业旅游发展现状与对策分析[J].科技信息,2010(30):476.

张婷婷.工业旅游开发模式综述[J].安徽农业科学,2009(15):7262-7312.

张威,张一楠.工业旅游体验营销对游客认知度影响的实证研究[J].软科学,2014(9):109-113.

张宇.德国工业文化旅游产业的战略性开发整合路径以德国"工业文化之路"为例[J].沈阳大学学报(社会科学版),2016,18(6):764-768.

赵丹妮.鞍山钢铁公司工业旅游的发展——与德国鲁尔区对比分析[J].现代经济信息,2014(2):260.

赵军.山西工业旅游的SWOT分析与战略选择[J].晋中学院学报,2007(4):45-48.

赵梦."钢铁是怎样炼成的"——寻求"汉阳造"工业遗址保护之路[J].美术大观,2008(12):64-65.

赵阳,李连滨.德国工业旅游开发对黑龙江省的启示[J].商业经济,2010,347(4):9-10.

朱竑,柳意云,保继刚.老工业城市的旅游规划探索[J].经济地理,2002(22):252-257.

Cheng-Fei Lee. An investigation of factors determining industrial tourism attractiveness [J]. Tourism and Hospitality Research, 2016(2):184-197.

Hsueh-wen Chow, Guo-Jie Ling, I-yin Yen,et al. Building brand equity through industrial tourism [J]. Asia Pacific Management Review, 2017 (22):70-79.

Lajos BOROS1, Zita MARTYIN, Viktor PÁL. Industrial tourism - trends and opportunities [J]. Forum geografic, 2013(1):108-114.

Myriam Jonsen-Verbeke. Industrial heritage:a nexus for sustainable tourism development[J]. Tourism Geographies, 1999 (1):70-85.

Réka Pintér, János Csapó. Industrial tourism as a change for the diversification of the tourism of the PÉCSMECSEK Region [J]. Journal for Geography, 2016(2):57-70.

Zygmunt Kruczek, Michal Kruczek. Post-Industrial tourism as a means to revitalize the environment of the Former Oil Basin in the Polish Carpathian Mountains [J]. Pol J Environ Stud, 2016(2):895-902.